将来賢くなる子は「遊び方」がちがう

松永暢史

KKベストセラーズ

はじめに

東京オリンピックが開催される2020年、あなたのお子さんは何歳になっているでしょうか。

といっても、オリンピックの話をしようというのではありません。**数年後にやってくるこの年は、日本の教育にとって非常に重要な年、大きな転換の年になるのです。**

その一つが大学入試センター試験の廃止と、それに代わる記述式を取り入れた新テストの導入です。これは単に試験の制度を変えるのではなく、日本の教育のあり方を根本から変えようとする教育政策だと言えます。知識偏重主義から、知識を前提とした思考力・判断力・表現力を育てる教育へと大きく舵を切るという文部科学省の「宣言」なのです。

さらに、高校の学習指導要領が改訂され、大学の授業のあり方も改革されていきます。ここで重点を置いているのが、「主体性、協働性、多様性」です。グローバル化が進む社会にあって、主体的に多様な人と協働して学ぶ。これまでのように教師が一方的に教えるのでなく、生徒同士が教えあったり、話し合ったりする中で、世界を相手に活躍できるだけの力をつけていくというのがその狙いです。

もし、あなたのお子さんが今、小学生であれば、高校に進むときにはこの新しい教育体制に変わっているはずです。そして、大学受験では新たな入試問題に取り組むことになるわけです。

「まだ先のことだから」と思うかもしれませんが、ハッキリ申し上げます。**そのときに慌ててももはや手遅れです**。主体的に学ぼうとする姿勢にしても、思考・判断・表現の力にしても、簡単に身につくものではありません。ある意味、習慣に近い、繰り返して会得していくものなのです。

「だったら、とにかく塾に行かせなきゃ」と焦るかもしれませんが、残念ながらそれもまたお門違いです。これからの大学受験に必要な力は、従来型の学習塾では身につかない力です。そう断言してもいいでしょう。

では、どうすればいいのか。大きく変わる教育制度に備えるために、**なにより重要に**

なるのは家庭です。親の考え方や家庭内教育こそが大切ということになると思います。子どもとどのような時間を過ごすか、子どもにどのように接するか、子どもになにを伝えるか。家庭における日常の積み重ねが、お子さんの将来を決めると言っても過言ではありません。

本書ではそうした家庭で学ぶべきこと、家庭でしか身につけられない力の育て方を、教育カウンセラーとしての体験を踏まえてご紹介しています。

ただ正直なところ、目新しいなにかは特になく、今の仕事を始めた40年前からご家庭に向けてアドバイスしていることばかりです。つまり、賢い親御さんは文科省が教育方針を大転換する以前から日本の教育はおかしいと気づき、私のもとを訪れていたわけです。

ただ、ご理解いただきたいのは、私の教育メソッドは受験に打ち勝ち、一流企業に就職することを目的としているわけではないということです。もちろん、結果的に受験に成功して、一流と呼ばれる企業で活躍している事例はたくさんあります。一流大学を出なくとも、就職の面接ではどこからも「うちへ来い」と声がけされる生徒もいます。

しかし、それはあくまでも結果論。私が考える子育ての目標は、子どもが幸せな人生を歩むこと。そのために、常に自分を高めていけるような思考回路をつくり、プライベートの時間も積極的に楽しみを見つけて、充実した生活を送れるような人間に成長してもらうことです。それには、世の中が求める形に無理やり合わせるのでなく、その子の中にある特別な可能性を見つけること。親はその可能性を育ててやればいいのです。

私流の言い方に直せば、「おもろい人間に育てる」。これに尽きます。

変わろうとする日本の教育に目を向け、子育てを見直そうとこの本を手に取ってくださった方には、今こそ、目覚めてほしいと思います。

そして、一人でも多くの子どもが、「おもろい人間」になって幸せを手に入れてくれることを願ってやみません。

目次

第2章 子どもを賢くできるのは、学校でも塾でもなく家族だけ

第3章 子どもを賢く育てるお母さんの3つの共通点

第4章 子どもに自然と学力がつく環境づくり

第5章 可能性を伸ばすために、絶対やってはいけないこと

第6章 4年後必要とされる力がつく本当の「学習」

第1章

「賢い」とはどういうことか？

あと4年で「賢い子ども像」が変わる

日本の教育を根本から覆す、高大接続改革実行プラン

日本の教育が大きく変わることは、皆さん、新聞報道などでご存じかと思います。

ただ、なにがどう変わるのか、わが子にはどう関わってくるのか、ピンと来ていない方も多いのではないでしょうか。

そこで、まずは教育改革のあらましを、私見を交えてお話ししましょう。

2015年1月、文部科学省が発表したのは**「高大接続改革実行プラン」**です。

「高大接続」という名称の通り、高校と大学の教育をまとめて一気に改革しようという

計画です。

教育改革という文言はこれまで幾度となく唱えられてきましたが、今回は文科省の本気度が違います。その中身は日本の教育を根本から変える、非常に大掛かりなものと言えるでしょう。

2020年度、大学入試の新テストがスタート

今回の教育改革の中でも最もインパクトが大きいのが、「はじめに」でも書いた通り、毎年50万人以上が受験しているセンター試験の廃止です。

私は前々から「センター試験のように、点数で機械的に人を識別する試験を課す国家に未来はない。即刻、廃止すべきである」と自著などで訴えてきました。個人的にはもっと早くに手を打つべきだったという思いはありますが、文科省がようやく重い腰を上げたのは喜ばしいことです。

現行のセンター試験が行われるのは2019年度まで。翌2020年度からは、後継

として**「大学入学希望者学力評価テスト（仮称）」**という新しい選抜試験が導入されることが決まっています。

「でも、うちは私大狙いだから関係ないわ」

と思う方もいるかもしれませんが、関係は大アリです。

この新テストは大学入学希望者全員が受けることになります。新テストを一次試験として受けて、各大学の個別入試に臨む場合や、新テストを受ければ各大学のペーパーテストがカットされて、面接やディスカッション、小論文などによって選考がされるというケースもあるようです。ＡＯ入試・推薦入試で入学が決まっている場合でも、学力判定のためにこの新テストを受けることになります。

センター試験も私立大学の入試に利用されてきましたが、汎用性《はんようせい》はさらに高くなると考えてよいでしょう。

知識量を競う時代から知識を応用する時代へ

では、新テストではなにが変わるのでしょうか。

マークシートによる選択方式のセンター試験は、知識量を問うための試験です。よい点数を取るためにはとにかく知識を詰め込むこと、すなわち暗記することが重要だったわけです。

対して、新テストで試されるのは、知識を活用する力。文科省はその力として、「思考力」「判断力」「表現力」という3つを挙げています。

これらの力を問うために、国語と数学では記述式問題が導入されます。当面、200字から300字程度の短文を書かせるものが主体ですが、2024年度以降は長文を書かせる問題も採用する予定と発表されています。

採点方法は現在検討中のようですが、従来のような1点刻みの点数ではなく、A、B、C……など段階で示されることになるようです。

いずれにしろ、知識丸暗記型の従来の試験を、文科省は自ら全面否定したのです。

高校と大学で学力の3要素を磨く

さらに、今回、新たな教育の指針に掲げられたのが、「主体性、協働性、多様性」です。文科省はこのスローガンを加えて、「学力の3要素」を次のように定義しています。

・知識・技能
・知識・技能を応用できる思考力、判断力、表現力
・主体性をもって多様な人と協働して学ぶ態度

つまり、この学力の3要素を高校や大学で身につけさせようというのが、今回の教育改革の基本方針というわけです。

そのために高校の学習指導要領が大幅に改訂され、2022年度に入学する生徒からこれが適用される計画です。大学においても、「卒業認定・学位授与の方針」（ディプロマ・ポリシー）、「教育課程編成・実施の方針」（カリキュラム・ポリシー）、「入学者受入れの方針」（アドミッション・ポリシー）の3点に踏み込んだ改革が提案されています。

アクティブ・ラーニングが本格的にスタート

高校と大学の教養課程などの授業では、「アクティブ・ラーニング」が導入されることも決まっています。

ご承知の通り、日本では教師が教室の前に立ち、生徒たちに一方的に教えを授けるという授業形式が明治期以来、脈々と受け継がれてきました。

授業時間中は教師の話を聞き、板書を写して、時々、質問に答える。よほど話が面白い教師なら別ですが、一般的には生徒にとって退屈極まりないものです。ぼんやり窓の外を眺めたり、落書きしたり、隣の友達とおしゃべりを始めたり……といったことがあっても仕方ありません。

対して、アクティブ・ラーニングは**能動的な学習法**です。自分で課題を見つけて、その課題を解決する方法を探求していきます。

授業はディスカッションやグループワーク、プレゼンテーションなど生徒主体で進められます。街に出て調査をするといったフィールドワークも、アクティブ・ラーニングの一環。アメリカやイギリス、フランス、ドイツといった教育先進国では当たり前に行われている指導方法であり、いよいよ本腰を入れて取り入れようというわけです。

ただし、「アクティブ・ラーニング」という文言は、そもそもはアメリカの教育学者デューイの言葉ですが、すでにアクティブが当たり前のアメリカ人がこれを聞けば、「そもそもラーニングは、アクティビティを前提にしているんじゃないの?」などと反論されるので、文科省もその使用を控えようと考えているのだそうです。

どうして教育は変わろうとしているのか

経済・産業界からの要請が改革の引き金に

日本の教育はこのままでいいのかという議論は、文科省内でもさんざんなされてきたことです。それを実行に移したのには、さまざまな理由があります。

経団連（日本経済団体連合会）が、2011年1月に発表した「産業界の求める人材像と大学教育への期待に関するアンケート結果」をご覧になった方はいらっしゃるでしょうか。このアンケートでは、グローバル化やそれに伴う外国人の雇用など、日本企業が置かれている状況を示しつつ、これからの大学生に求める素養として**「主体性、コミュ**

ニケーション能力、実行力、チームワーク・協調性、問題解決能力、創造力」といったポイントが挙げられています。

そう、どこかで見たキーワードが含まれていますよね？　今回の教育改革は経済・産業界主導と言われていますが、まさしくその通りなのです。

グローバル人材は今の大学でつくれない

今さら申し上げるまでもなく、日本は少子化の時代にあり、国内消費は今後、先細る一方です。国外へと市場を拡大するしかない企業は、海外に支社や支店をつくるなどして事業展開をしつつ、外国人の雇用も増やしています。先の経団連のアンケート調査でも、半数以上の企業が外国人の雇用を行っていました。

グローバル化する企業にとっては、語学力もさることながら、さまざまな国の人たちと協力し合って働くことができ、なおかつ海外企業との競争に打ち勝てるだけの創造力や行動力に富んだ人材の確保は急務です。

ところが、その求める人材が育ってこない。「原因は教育にあるから、どうにかしてほしい」と経済・産業界が強く要請してきたわけです。

知識だけではコンピューターに太刀打ちできない

一方で、テクノロジーの進化に伴い、仕事で求められる能力も大きく様変わりしています。かつての大量生産・大量消費の時代には知識や技能を詰め込み、マニュアル通りに仕事ができる社員が重宝がられていました。

しかし、現代では、知識や技能しか必要としない仕事は、すでにコンピューターに取って代わられています。わかりやすいところでは経理の仕事があります。昔の財務管理は手書き・手計算が当たり前でした。それが今ではコンピューターで一括管理でき、ミスもありません。メモリー機能では、とっくに人間を超えているのです。

さらに、現在はＡＩ（人工知能）の開発も進み、２０４５年にはシンギュラリティ（技術的特異点＝人工知能が人間の能力を超える状態）に到達するとされ、その結果、ますます

〝人〟を介さない仕事が増えていくと思われます。

そうなると、**知識や技能しかない人は、たとえ一流大学を出ていたとしても「お払い箱」になることは必至です。**低賃金でもなんとか仕事にありついたら、上司はＡＩだったなんてＳＦ映画のような世界だって起こり得るのです。

つまり、これからの時代に必要とされるのは、知識量ではなく、ＡＩが太刀打ちできないような独創的なアイディアだったり、繊細で柔軟な人間的なコミュニケーション能力だったりになる。そして、その能力をつけるために、ここで教育改革を断行しようというわけです。

受験勉強が生み出す「頭でっかち星人」

では、なぜ大学受験を改革することになったのでしょうか。答えは単純。高校、中学校、小学校とすべての流れを変えることができるからです。

たとえば、一流と言われる大学に入るために、中学受験をする子どもは年々増加しています。そういう子どもは小学生の頃から遊びそっちのけで塾に通い、猛勉強の毎日です。結果、目指す中学校に入れたとしても、大学受験に向けた前倒し授業についていくために、またもや塾に通って知識を詰め込む日々。好奇心の芽も受験勉強に摘み取られて、大学に入る頃には知識ばかりの頭でっかち星人になっているわけです。

もちろん、中学受験をしない選択もありますが、大学受験が知識偏重型であれば行き着くところは同じ。かくして、大学のキャンパスには実体験の極めて少ない頭でっかち星人がウヨウヨ……という見るも恐ろしい状況を呈しているのです。

主体性のない子どもの末路が「指示待ちくん」

勉強に明け暮れてきた子どもは、与えられた課題はそつなくこなすものの、自分で課題を見つけたり、考えたり、アクションを起こしたりといったことは苦手になりがちです。

ある大学の教授は、研究室に入った学生に「自分は何を研究すればいいのでしょう」

と尋ねられて唖然《あぜん》としたそうです。逆に「君はここになにをしに来たの？」と聞き返してしまったとのことですが、今どき珍しいことではありません。

その末路が、世に言う「指示待ちくん」です。仕事を言いつけられるまでは、オフィスのデスクでぼーっとしているだけ。周りで同僚や先輩社員が忙しそうにしていても、「なにか手伝いましょうか」と尋ねることさえしません。

学歴だけ立派な、使えない人材ばかりが輩出される日本の教育システムは、経済・産業界から糾弾されるまでもなく、変革を迫られていたのです。

教育改革が人生の豊かさと真の幸福を生む

こうしてスタートした教育改革の取り組みですが、子どものためには歓迎すべきことだと私は考えています。

新たな教育によって、思考力、判断力、表現力が磨かれ、主体的に行動できるようになれば、自分にとってプラスになるような、やり甲斐のある職業を選び取ることができる可能性が高くなります。

仮に理想とする仕事に就けなくても、仕事以外の余暇を、自分自身を高められるような趣味や研究などに当てようという発想が生まれるはずです。そうした自分を高める時間こそ、人生の豊かさの証明であり、また長寿社会における真の幸福だと考えます。

もっとも、その思考回路に至るまでには、家庭のあり方が非常に重要になります。

よく考えてみてください。この「教育改革」は実質的には何％の子どもが対象なのでしょうか。彼らの求めるのは、とどのつまり、18歳で専門家の話を聞いて理解し、彼らの提示するテキストを読みこなし、必要なことは口頭で質問し了解し、そのうえで自分の考察結果を文章化できる、アクティブな人材。このレベルに達するだけでかなりの能力です。そしてその親たちの多くは、そのことを見越した教育を授けているに違いありません。

教育の変化を機に変わらなければならないのは、実は親自身の子育てに対するスタンスなのです。これについては後ほど、詳しく述べていきたいと思います。

これからは、ただ一生懸命勉強してもダメ

正解が一つではない、新テストの記述式問題

今回の教育改革で、親御さんが気になっているのは、やはり大学入試制度の改定でしょう。先にも申し上げたように、新テストは国公立大学の受験者のみならず、私立大学の志望者も一律に受験しなければなりません。

そこで、センター試験と新テストの違いについて、具体的にご説明しましょう。マークシート式のセンター試験の場合、選択肢から選んだ答えは、正解か不正解かのどちらかです。その正誤の数を得点化して、合否が決められるわけです。一方、**新テストの記**

述式問題は、正解が一つではありません。 AくんとBくんが全く違う回答をしても、どちらも同じ評価を得るということが起こるのです。

文科省が「たたき台」として発表している国語の記述式問題には、公立図書館の現状や課題、今後の図書館の可能性などについて記した新聞記事を読ませたうえで、「今後の公立図書館の在るべき姿について、あなたはどのように考えるか」という例題が掲載されていました。

第1段落では図書館が果たすべき役割を挙げ、第2段落では、その役割を実現するための企画と、その企画を実施した場合の効果について記述せよという条件もついています。文字数は200字以上300字以内です。さて、あなたならどう回答を書きますか？

参考書を読み込んでも解けないテスト問題

例題を見てもわかるように、新テストでは受験者自身の考察や意見を問い、課題を見つけさせて、それに対する解決策まで提示させます。答えが一つではないのはそのため。正解不正解を判定するのでなく、物事を深く考えたり、自分なりの見識で判断をくだしたりといったプロセスを評価しようというのです。

知識だけでは太刀打ちできないことは、もうおわかりいただけたでしょう。しかも、この問題では公立図書館が役割を実現するための企画まで書くよう指示されていますから、思考力や判断力のみならず、人とは違うアイディアを思いつく発想力も必要になります。参考書をどんなに読み込んでも、この答えには行き着きません。

自分の考察や意見を文章化する力も欠かせません。限られた文字数の中でわかりやすく論理的に伝えて、読む人を納得させる——そのレベルまで到達して、ようやく土俵に上がれると思ったほうがよいでしょう。

難関私立大学ではすでに入試改革が行われている

お子さんの大学受験を見据えて、東大・京大や難関私立大学の受験問題をチェックしているという熱心な親御さんならおそらくお気づきかと思いますが、新テストのような思考力、判断力、表現力を問う入試問題はすでに多くの大学で出題されています。

たとえば、2015年度の慶應義塾大学文学部の小論文では、四方田犬彦《よもたいぬひこ》氏の「犬たちの肖像」の一節を抜き出し、「人間にとって『名付ける』とはどのようなことか。この文章をふまえてあなた自身の考えを320字以上400字以内で述べなさい」という問題が出されました。

最近、人気が高まっている医大・医学部の入試問題も同様です。出色なのは、順天堂大学医学部。小論文では例年、提示されるのは1枚の写真だけ。2015年度はロンドンのキングス・クロス駅の階段の情景を写した写真をもとに、「あなたの感じるところを800字以内で述べなさい」という問題が出されて話題となりました。どうですか。

皆さんはできそうですか?

論述の試験では専門的な素養、思考や興味も浮き彫りに

難関校の試験問題を見た方は「なにを判断しようとしているの?」と思うことでしょょ

う。まず、前提としてあるのは、その学部に見合った専門的な素養があるか。医学部の入試問題なら、医学を学ぶということだけでなく、医師となるための素養を持つかどうかが判断されるでしょう。

加えて、測られるのは、一言で言うならその人の〝頭の中〟です。一つのテーマについて受験者それぞれの考えを問うことで、普段からの思考の深さ、興味の対象やそれに対する探求の度合いなどが浮き彫りになるのです。

そうしたことは、「さぁ、受験勉強を始めよう」と塾や予備校に通っても身につかないことは言うまでもありません。子どもの頃からさまざまなことに興味を持って、その事柄を掘り下げる習慣があるかどうか。その積み重ねによって、大学受験の答案用紙に書く内容はまるで違ってしまうのです。

これからの大学入試は、ただ一生懸命勉強しているだけでは通りません。**身の回りのことにも「なぜだろう?」「不思議だな」と考えるクセと、わからないことはすぐに調べるという行動パターンは、お子さんにぜひとも身につけさせたいところです。**

今学校の勉強ができなかったとしても大丈夫

打ち込めるものがある子は将来伸びる

この本を手にした親御さんの多くは、おそらくお子さんの勉強に関心が高く、それゆえに日々のテストの点数や通知表の評価に一喜一憂されていることでしょう。しかし、教育が変わっていくこれから、テストの点数や通知表の評価だけで賢さを推し量るのはナンセンスです。

「そうは言っても、うちの子は本当に頭が悪いから、もっと勉強させなくちゃ」と嘆く方に伺います。お子さんはなにか打ち込めるものを持っていますか？

恐竜博士とあだ名がつくぐらい恐竜に詳しいとか、植物を育てるのが得意でバルコニーがいつも緑で溢れているとか、お菓子づくりが趣味とか、サッカーが大好きで、チーム練習がないときも家でリフティングの練習をしているとか。

どのようなことでもいいのです。**なにかに興味を持ち、それに打ち込むことができる子は、将来、それが力になります。端的に言えば、大学に受かりやすくなるのです。**

子どもの勉強の出来不出来に思い悩む前に、なにか子どもが夢中になって集中できるものがないか考えようとするのが、これからの賢い親のあり方です。

机を離れて生きた体験を得させよう

たとえば、男の子がハマるものに虫捕りがあります。

「よーし、カブトムシを捕まえるぞ」と思ったら、カブトムシの活動時間や好きな木などを調べるでしょう。早起きをして公園に出かけて、クヌギやコナラなどのカブトムシがいそうな木を探索します。捕まえられなかったら、どうして見つからなかったかを考

4

えて、今度は樹液を塗って仕掛けをつくろうなどと別の発想が浮かぶかもしれません。その結果、見事捕まえられたら、もう有頂天です。次はクワガタ、次はカマキリ、次はカミキリムシ……と、ターゲットがとめどもなく出てくるわけです。

「気持ち悪いから、もう捕まえてこないで」と言いたくなるかもしれませんが、そこはぐっと堪えてください。というのも、この虫捕りのような生きた体験を数多くすることは、勉強に大いに役立つのです。

再三、申し上げているように、これからの大学入試では思考力、判断力、主体性といった力が問われます。

どうしたらカブトムシを捕まえられるのかと考えることは思考力となり、カブトムシがいそうな場所を選んだり、樹液を塗って仕掛けをつくったりするのは判断力につながります。カブトムシを捕ろうと思い立ち、早起きして虫捕りに行くのは、そう、主体性そのもの。

このときに友達と一緒に虫捕りに行けば協働性まで身につくでしょうし、カブトムシを捕獲するまでの格闘を記録すれば表現力も磨かれるでしょう。

これからの賢さは、机に向かうだけではどうにもなりません。こうした生きた体験の積み重ねから培《つちか》われるものなのです。

成功した経営者は子どもの頃に遊んでいた

先に教育改革の方向づけは、経済界がやっていることだと書きましたが、ここでご参考までに、実際経済界で活躍している経営者がどのようなことを言っているのかに少々耳を傾けてみたいと思います。

徹底した顧客ニーズとありとあらゆる工夫を創案加味した合理化であっという間に業界3位に上昇し、なおも躍進中の「くら寿司」創業社長の田中邦彦氏は、新入社員の面接試験で、「君はカブトムシを捕ったことがあるか?」と聞くことがあるそうです。

田中さんは、少年時代の「原風景」を持っていることが人間として大切で、これなくしてはなにも始まらないと考えるようですが、筆者の周りでアイディアを出すことに優れる人も、皆少年時代にたっぷり外で遊んだ人ばかりです。

いち早くクレジット導入を企画立案してグループ拡大に大きな影響を与えた「クレディセゾン」代表取締役社長の林野《りんの》宏氏は、「何かに夢中になる時間が多ければ多いほど人生は豊かになって行く」と語ります。これはつまり、遊ぶ能力の高さを言っているのでしょう。

いかがでしょうか。発案企画に優れる人たちには、夢中になって遊ぶことのできる力があるのです。

アイディアは想起力であり、想起力はアクティビティに先行する能力である——。

もしも文科省がここまで見抜いて、この教育改革を推し進めているならオドロキですが、結果的には、子どもに夢中で遊ぶ機会を与える、その時間を奪わないようにすることを推奨していることになります。これはもう、**「要らぬ勉強に不必要に時間を費やさずにできるだけ外で遊べ」**と言っているにも等しいことなので、進学塾は真っ青になっています。

机に縛りつけるより「虫の研究」「お菓子づくり」

大学入試に絡めて、もう一つ、お話ししておきましょう。そもそも大学が採りたいのは、頭がよいだけでなく、社会で活躍するための素養を持っている学生です。

そのため、今後の大学入試では自己PRの書類を提出させるなどして、学力では計れない力を評価する方向にもあります。小学生のときから珍しい虫の研究をしている、お菓子の全国コンクールで大人に混じって入賞したことがあるといったことも、大学によっては評価の対象になるのです。

もちろん、誰にも負けないぐらいに極めれば、AO入試という選択肢も出てくるでしょう。AO入試はSFC（慶應大学湘南藤沢キャンパス）が1990年に始めたものですが、要は大学の入試事務局に、「自分はこんなことをしてきたが、お宅の大学で学びたいことがあるから、入学させないか」と直接交渉するシステムで、小論文や面接で合否が決定されます。

東大などは初めこれをバカにしていましたが、やがてSFCは、現役で東大に進学できない優秀くんやセンター試験が嫌いな優秀くんを集めるようになります。気がつくと東大大学院のキャンパスにはSFC出身者がやけに目立つようになり、東大や京大などの国立大学もAO実施を選択せざるを得なくなったというわけです。

しかし、学部によって、数学オリンピックなどの科学オリンピックでの顕著な成績、ボランティアなどの社会貢献活動における優れた成果、全国レベルの大会・コンクールでの入賞記録などが推薦要件に求められた結果、ハードルが高すぎて、東大では初年度に定員割れする学部も出ました。

いささか話が飛躍しすぎましたが、ともあれ、すでに私立大学の入学者の4割がAOで決定しています。今後もこの傾向は強まることが必至です。

大切なのは普段の成績と意義ある活動経験と、自ら興味を持つ何事かに秀でること。最低限の基礎学力さえつければ、机に縛りつける必要はありません。あとは、「なぜ?」「どうして?」という問いを持つ習慣を声がけなどして与えれば、**好きなことを思い切りやらせてあげることこそが正しいことになるのです。**

ネットで簡単に調べられることは覚えなくてよい

これからの勉強は細かい知識を詰め込む必要はないという話は、これまでにも述べてきました。細かい知識が役に立つのは、おそらくクイズ番組で正解不正解を競うときぐらいでしょう。それではなぜ、細かいことは覚えなくてもいいのでしょう。

たとえば、酢の物の三杯酢をつくろうと思ったとき、酢と醤油と砂糖の割合を頭に入れているでしょうか？「もちろん、覚えているわ」という料理好きの方もいるでしょうが、大抵は料理本を見るか、インターネットで検索するでしょう。

特に、インターネットは、今や現代人の頭脳の一部と言えるほど普及しています。**ネット検索でわかることは、わざわざ一度に頭に入れる必要はありません。**何回もやるうちに覚えてしまえばそれでいいのです。その分、もっと高次元のことに脳を使いましょうというのがこれからの教育なのです。

また、暗記する力が強い人も、それを生かすには、かえってこれまでとは別の頭の働きが求められることでしょう。

覚える力より思いつく力を育てよう

覚える力の代わりに伸ばしたいのは、思いつく力です。酢の物でいえば、だしを入れた土佐酢にしてみようとか、オリーブオイルを加えて洋風にしてみようといったバリエーションを思いつくほうが役に立つと思いませんか？

またそれ以上に、常に、「今日はなにが食べたいか？」「時間があったらなにをするか？」「次の休みにはどこへ行ってなにをするか？」に答えられるように考えることを習慣づけるといいかもしれません。

勉強も同じです。思いついたことをきっかけに調べたり、考えたり。そこから視野が広がることによって、より多くのことを学べるのです。これを私は「想起力」と呼んでいます。

歴史であれば、革命が起きた年号を正確に覚えるよりも、なぜそれが起きたのか、その結果、歴史はどう動いたのかといったことを想起できれば、広く深く学ぶことができます。「革命が起きた時代と現代が似ているな」といった発見もあるでしょうし、その発見が歴史への興味をより高めてくれるはずです。

さらに想起力がつくと、なにかに夢中になる間にあっと驚く全然別のことを思いつくヒラメキ力がつくようになります。

さて、**想起力を身につけさせるために、ぜひ実践してほしいのが問いかけです。**

「今日の夕ご飯はなにを食べたい？」「今度の休みはどこに行く？」と常に問いかけていると、最初は「べつに〜」「なんでも〜」と言っていた子どもも、「釣りに行きたい。キャンプもしたいな」と思いついたことを口にするようになるでしょう。「だったら場所はどこがいい？」とさらに尋ねれば、どんどん思いつくことが増えるでしょう。

子どもに想起力をつけられるかどうかは、親の工夫次第だと思います。

学校に行っただけでは「よい公務員」にしかなれない

多人数クラスではアクティブ・ラーニングの効果に差が出る

教育改革といえば、高校と大学ではアクティブ・ラーニングが導入されますが、小中学校に関しては文科省から特に言及はありません。小中学校ではアクティブ・ラーニングがすでに十分に行われている、というのが文科省の認識のようです。果たして本当なのでしょうか。

正直なところ、この件はかなりアヤシイと思っています。そもそも日本の教師は、小中高おしなべて、一方的に教えを授ける指導方法しか学んでいません。アクティブ・

ラーニングの研修を受けたとしても、スムーズに実践できる教師はひと握りでしょう。

それ以上に問題なのは、一人の教師が教える児童・生徒数が多すぎることです。

公立の小中学校の場合、1クラスに30人前後が一般的で、多いところでは40人というケースもあります。これだけ大勢の子どもたちがディスカッションをしたり、フィールドワークをしたりというのは、現実的に不可能です。

仮に、グループに分けて活動させても、教師からすれば対象人数に変化はありません。また、ディスカッションをさせた場合、活発に意見を交わすグループがある一方で、だらだらと時間だけが過ぎていくグループも出てくるなど、アクティブ・ラーニングの効果の得られ方に差が出てしまう可能性が高いのです。

もっとも、従来のような一方通行授業がいいと言っているわけではありません。教育を改革するのであれば、多人数の学級編成も見直すべきだということです。

いじめの根元はクラスの人数が多いこと

多人数クラスの弊害は、勉強以外のところにも出ています。その一つが、いじめ問題です。

考えてもみてください。学区という地図上の線で、機械的に学校を振り分けられている公立の場合、子どもたちの家庭環境もその価値観もバラバラです。毎年、海外旅行に行くようなお金持ちの家の子もいれば、給食費の支払いもままならないような経済的に苦しい家庭の子もいます。学力も当然、個々に違います。

そんな子どもたちを一つの教室に押し込めて、面白くもない授業をじっと聞いていなさいと強制すれば、どうしてもストレスはかかります。学校が終わったら、塾だ習い事だと忙しく、挙句、母親が口うるさいとなったら、ストレスのはけ口としていじめをするのはさもありなんです。

一方で、先生も一所懸命、一人一人の子どもに目をかけながらクラスをまとめようとはしますが、バラバラのバックグラウンドを持つ子どもたちをまとめるのは無理な話です。しかも、勤務体制はブラック企業並み。残業や休日出勤は当たり前です。モンスターペアレンツでもいた日には、もはやお手上げです。

心身ともに病んで休職している教師は約5000人と報告されていますが、そこまでボロボロの状態では子どもたちの変化に気づかない、もしくは気づいても見なかったふりをしてしまうこともあるわけです。

するといじめの根はさらに深くなり、最終的には学級崩壊——。いえ、この状態は学級腐敗と言ったほうがいいかもしれません。いじめは起こるべくして起きているのです。

アクティブな秀才不登校児が増えている？

このような惨状にあって、学校に行かない選択をする子どもが私の周りには増えてきています。「学校が面白くない」「行っても時間の無駄」と言うのです。

不登校というと自室に引きこもるようなマイナスイメージがありますが、彼らは言うなれば積極的な秀才不登校児です。

ある不登校中学生は、毎日、午前中を勉強の時間にあてています。先生は学習ソフト。今どきの学習ソフトはとてもよくできていて、ヘタな教師が教えるよりもはるかにわかりやすいと彼は言います。動画やCGが駆使されていて、図形なども頭に入りやすいのだとか。

午後の時間は自分の興味に合わせて図書館で調べ物をしたり、調査に出かけたり。タイミングが合えば友達と遊ぶこともあるそうです。帰宅後は読書や文章を書く時間にあてて、親が休みの土日は家族でフィールドワークに繰り出すという生活を送っています。学校に行くよりすこぶる調子がいいそうです。

そういう子であれば、学歴がなくても将来は会社を起こすなど、自分で自分の生きる道を切り開けるでしょう。もちろん、大学に入って興味のある分野を研究するという選択もできます。

『強烈なオヤジが高校も塾も通わせずに3人の息子を京都大学に放り込んだ話』(徳間書店)の著者の「オヤジ」どのは、「授業がつまらない」という子どもたちの訴えに、二つ返事で「やめていいよ」と言ったと語ります。高校に通わないまま、その息子さんたちは全員京大に合格。**勉強は学校に通わなくてもできてしまうのです。**

学校は社会規範を身につける場所

「だったら、学校へはなにを目的に通わせるの？」と首を傾げる方もいらっしゃるはずです。私が考える**学校の意義は、社会規範を学べるというところにあります。**

朝は決まった時間に登校して、授業開始のチャイムと同時に席に着く。宿題は期限までに提出して、教師の言うことには逆らわない。要するに、集団生活を安定させるために、自分はどう立ち回ればいいのかを学校で身につけるのです。

社会規範がしっかり守れるようになると、就きやすい職業があります。なんだと思いますか？　答えは、公務員です。

時間や期限を守って、決められたことをそつなくこなす。この能力は公務員、特に区役所や市役所に勤めるような人には絶対に欠かせないものです。不安定な世の中で、公務員は安定感抜群の人気職種です。残業や休日出勤に振り回されず、自分の時間を謳歌《おうか》できるのも確かに魅力です。

さらに、もう一つ、社会規範を身につけると手に入るものがあります。それは、自由です。

「規範と自由って真逆では？」と思われるかもしれませんが、たとえば、都立高校の校則は、学校によって異なるのをご存じですか？

優秀と言われる学校ほど校則は緩く、服装は自由。髪の毛は染めてよし、メイクやピアスもOKという学校もあります。内申点の高い、要するに規範が身についた子どもたちなら、校則で縛らなくても自分を律することができるだろうという信頼感があるからです。

このような集団生活の経験は、決して無駄になりません。しかし、先にも述べた通り、学校教育の存在意義はだんだんなくなってきているのです。

塾はもう、子どもを賢くしてくれない

大学入試の進路変更に頭を抱える塾・予備校

今回の教育改革によって、「やはり塾に行かせたほうがいいのでしょうか」という相談をよく受けるようになりました。相談主は、小学生の子どもを持つお母さんがほとんど。大学入試の大幅な変化に、「流れについていけなかったらどうしよう」と焦る気持ちがあるのでしょう。

内情からお話しすると、文科省が高大接続改革プランを発表して以来、学習塾や予備校は非常に苦しんでいます。それは当然のことでしょう、従来の知識詰め込み型の勉強が否定されてしまったわけですから。

まずはテキストや指導内容をそっくり改訂しなければなりません。とはいえ、新テストの内容は、今も審議されている段階です。おおよその傾向はつかめても、実際にどうなるかはわかりません。いかに改訂をすればいいのか、目下、検討を重ねているところがほとんどだと思います。

中高一貫公立校対策を掲げる塾も出ていますが、その基となる国語力を整備するメソッドがなければ立ち行かないことでしょう。

塾の先生は、学校の先生と異なり生徒に評価されなければクビですから、困難に立ち向かおうという人も多いでしょうが、自分が受けてきた教育と全く異なる教育をしなければならないので、資質的に無理な人も多く現れることだと思います。

ここには、**これから求められる本当の力は個々の家庭で育まれるものであるという事実が浮かび上がると思います**。また、もし塾に通わせるのであれば、その塾と協働的に子どもを成長できるようにすることが大切になると思います。

偏差値に振り回される時代は終わり

もう一つ、塾・予備校が頭を悩ませているのは、偏差値の問題です。新たな入試制度に切り替わったとき、従来の偏差値は通用しなくなります。

「志望校は偏差値69ですから、お子さんの場合、偏差値があと10足りません。授業のコマ数が多い特訓クラスはいかがでしょう」

といった具合に、偏差値を用いて不安をあおって生徒を取り込んできた塾・予備校にしてみれば、切札ともいえる重要な営業ツールを失うようなものなのです。

偏差値の順位による学校のヒエラルキーも、崩壊することは間違いないでしょう。偏差値の高さではなく学べる内容で学校を決めれば、意味なく猛勉強を強いられる子どもは確実に減るはずです。

それでもすでに、「教育改革に対応」「新テスト対策はお任せください」などと謳《うた》っている商魂たくましい塾・予備校も見られます。

確かに、大学入試が変わることで親御さんは大なり小なり不安を感じているわけですから、塾や予備校にとっては生徒数を増やす絶好のチャンスでもあるわけです。その手口にまんまとのって入塾してみたら、今までの詰め込み型となんら変わりのない内容だった、というケースもあり得ないことではありません。

多額の塾代を払える裕福な家庭が有利ではなくなる

「だったら、どうやって塾選びをすればいいの?」という声が聞こえてきそうですが、冷静になって塾の必要性を考えてみましょう。

今までの詰め込み型の教育であれば、小学生のうちから塾に行かせる効果は多少なりともあったでしょう。講師から教えられたことをひたすら頭に叩き込めば、それなりに成績は上がります。中学受験をするのであれば、目指す学校にも合格できるかもしれません(それにより壊れてしまう子どもも多数いますが)。

だからこそ、「○○中学校○名合格!」といった誘い文句にたやすく騙され、塾に多額のお金をつぎ込むという構造が生まれたわけです。

この構造のもとでは、より多くの塾代を払える、経済的に余裕のある家庭のほうが有利になります。そういうお金持ちの家では、授業料の高い私立の中高一貫校に行かせながら、名門塾に通わせることもできます。東大生の家庭は総じて年収が高いという点にも、それは表れているのです。

このような経済格差と教育格差の連鎖を断ち切り、**塾に行かせなくても大学受験を勝ち抜けるシステムをつくろうというのが、教育改革の根本的な狙いなのではないかと私は感じています。**

塾に通わせるのは、お金と時間の無駄遣い

そこで、教育改革の指針に今一度、立ち返ってみましょう。これから教育に欠かせないのは、主体的に学ぶ姿勢でしたよね？　今、社会で求められているのは、自分で課題を見つけて、その課題の解決方法を模索して、自分なりの答えを出せる力です。

では、塾での勉強はどうでしょうか。与えられたテキストで講師が一方的に教え、与

えられたドリルを黙々と解く。たとえその内容が教育改革に沿ったものであっても、**「主体的に学ぶ」というう肝心なところがすっぽり抜け落ちているのです。**

テキストやドリルに頼った勉強では、発想力や創造力も伸びません。「あなたはどう思うか」を問う記述式問題を前にしたときも、そつはないけれど、面白味がない回答に終始してしまうように思います。

そもそも、「あなたはどう思うか」に答えられるようにする指導は、いったい塾の教室の指導ではどうして可能なのでしょうか。明らかにこれは「技術」ではなく、体験を基にした判断が欠かせません。

すると塾の仕事は体験を与えることになってしまいます。焚き火や博物館に連れて行く？　いうまでもなくそんなことで高額の授業料を取ることは不可能でしょう。

ハッキリ申し上げます。**わざわざ塾に行かせるのは、必要な基礎学力を付けるため以外は、ほとんどの場合、お金と時間の無駄です。**夏休み朝から晩まで長期間コース、週に5日コースなんて塾と託児所をはき違えているだけ。それなら自然観察キャンプ合宿や印象作文コースにでも通わせるほうがマシです。まして、子どもが嫌々通うのであれば、頭がよくならないばかりか、勉強が嫌いになってしまう可能性も高いのです。

とにかく子どもに与えるべきは、できるだけ「ナマ」の体験。

塾に消えるお金を貯めておけば、海外に留学させてやることもできます。そのほうが、はるかに子どものためになると思いませんか？

塾に行かせるくらいなら「ケイドロ」をさせよう

もし、新しい大学入試に対応できる力をつけたいのなら、たっぷり遊ばせること。これに尽きます。

自分が満足するまでたっぷり遊んだ子どもは、親が強制しなくても自然と勉強をするようになります。40年間家庭教師をしてきた私の経験から言っても、これは間違いありません。

念のためお断りしておくと、ここでいう遊びとは、テレビゲームの類ではありません。鬼ごっこや缶蹴りのような群れ遊び、木登りやザリガニ釣りのような自然の中での遊び、パズルのような知恵を使う遊びです。

ケイドロをご存じですか？　逃げる泥棒チームを警察チームが捕まえる鬼ごっこです。チームで勝ち負けを競うこの遊びでは、思考力も判断力も終始フル回転です。チーム内には足の遅い子もいますから、みんなで助け合わなければ勝てません。できるだけ「敵」を挟み撃ちして逃げられないように知恵を絞ります。

協働性や多様性なんて仰々しい言葉を使うまでもなく、子どもはこうした日々の遊びから、将来、必要となるさまざまな力を身につけていたのです。

学びの機会を奪ってしまったのは、知識に偏った入試制度です。その入試制度が変わろうとしている今、塾との関わり方も見直すときが来ているのです。

世界で活躍する「賢い」人たちには共通点があった

勉強を押しつけても子どもは幸せになれない

親は誰しも、子どもの幸せな未来を願っています。塾に通わせたり、「勉強をしなさい！」と口うるさく言ったりするのは、ひとえに幸せになってほしいからこそ。その気持ちはよく理解したうえで進言します。

押しつけや強要では子どもの能力は伸びません。それどころか、未来に輝くであろう可能性さえつぶしてしまうこともあるのです。もし、本当に幸せを願うのであれば、子どもがやりたいことをやらせてあげること。親はただ見守って、助けを求めてきたときにだけ手を差し伸べてやればいいのです。
「わかっているけれど、黙っていられないのよね」という親御さんには、世界的芸術家である3きょうだいを生み出した千住家の子育てをご紹介したいと思います。

世界的芸術家を生み出した千住家の教育方針

長男の博氏は日本画、次男の明氏は作曲、末娘の真理子氏はヴァイオリンといずれも芸術の道を極めた千住家の教育方針は、まさしく子ども本位です。

母の文子氏が記した『千住家の教育白書』（新潮文庫）には、子ども部屋の壁いっぱいにクレヨンでお絵描きをしても止めることはなく、あるときは書斎の机の裏側までキャンバスになったというエピソードが綴られています。

工学者で慶應義塾大学名誉教授の父、鎮雄《しずお》氏は、勉強の押しつけを徹底的に嫌ったといいます。勉強を教えてやってほしいという妻の文子氏に対して、「家で子どもの勉強を助けてそれで学校の成績が上がっても、本人のためにならない」と諭したそうです。

とりわけ印象深いのは、**「一番好きなことをやらせるのが一番伸びるのだよ。興味を持って集中させること以外に、子どもを伸ばす方法はない」**という言葉です。

子どもが自分で興味を持って始めたことを、思い切り自由にやらせる。それが、子どもを伸ばす一番の方法だという鎮雄氏の考えは、世阿弥《ぜあみ》が「風姿花伝」で説いていることや、モンテッソーリ教育の理念にも通じています。

実際、学者になってほしいと願う母の意に反し、長男の博氏が東京藝術大学を受験したいと言い出したときには、「本人が望むことが一番いいんだ」と鎮雄氏は一切反対せず、息子に厳しくも温かい励ましの言葉を贈っています。

もし、そこで反対をしていたら、世界を感動させた名画「ウォーターフォール」も、大徳寺聚光院《じゅこういん》の壮大な障壁画も生まれなかったかもしれないのです。

日本人初のノーベル賞・湯川博士が教えられたこと

一方、**「学校の席次のための勉強などは、最も愚劣なこと」**と父親から言われたのは、

1949年に日本人で初めてノーベル賞を受賞した理論物理学者の湯川秀樹博士です。湯川氏の父、小川琢治氏は地質学者で京大教授。教鞭《きょうべん》を執《と》る立場ながら、千住家の父、鎮雄氏と同様に、「勉強しろ」とは一度たりとも言わず、「好きな学問を広く深く学ぶように」と説いていたそうです。

冒頭の言葉も、真の学問とは成績を上げるためでなく、自己の好奇心に忠実に、かつ主体的に行うものであること、その結果として個人の能力が伸びて才能が花開くことを教えているのです。それにしても「愚劣である」とは痛快です。

湯川氏の回想録によると、父の琢治氏は、京大生から「雷親爺」とあだ名をつけられるほど一徹な人物。実にアクティブな人でもあり、地質調査のために日本全国の山岳地帯を巡り、さらに中国に渡って地質の研究を行い、地球を何周したかわからないほどの距離を踏査しています。

息子は湯川氏を含めて5人。長男の小川芳樹氏は冶金《やきん》学の大家で東大教授。次男の貝塚茂樹氏は中国古代史の専門家で京大名誉教授。三男が湯川氏で、その弟の小川環樹氏は中国文学者で京大教授。戦病死した五男以外は全員優れた学者となり、しかも、文系と理系の両方が輩出されているのは珍しいケースといえるでしょう。

「勉強をしなさい」と言わずに学ばせるツボ

両家の子育ては勉強を強要しないこと以外にも共通点があります。子どもが賢くなるツボが、しっかり押さえられているのです。

たとえば、千住家の場合、先述した壁いっぱいのお絵描き以外にも、母親がつくった画用紙のラッパをみんなで真似てつくったり、庭で星空を眺めながら物語を聞かせたり。そうした日常によって、子どもたちの創造力はぐんぐん伸びたことでしょう。

鎮雄氏が米国・アトランタの大学にいたときには、車で6000キロを走破するアメリカ大陸横断旅行を敢行《かんこう》しています。子どもたちは小4、小1、幼稚園児。感受性が育つ時期に、父親の運転する車で広大なアメリカ大陸を旅した経験は、子どもたちの成長に大きな影響を与えたことは想像に難くありません。グランドキャニオンでは鎮雄氏が一番喜んでいたそうですが、まず親が楽しむことも実はとても大切なことなのです。

対して、湯川氏は自伝の中で小学校に上がる前から、「大学」「論語」「孟子」といった「四書五経」の素読を祖父から受けていたと綴っています。素読とは意味の解釈はさておき、文字だけを声に出して読むことを言います。時代劇などに寺子屋で子どもたちが「子、曰く……」と声を揃えている場面が出てきますが、それが素読です。

湯川氏にとって、幼少期の素読は学問を修めるための基礎力となったようで、自伝には次のように記されています。

「私の場合は、意味も分らずに入って行った漢籍が、大きな収穫をもたらしている。その後、大人の書物をよみ出す時に、文字に対する抵抗は全くなかった。漢字に慣れていたからであろう。慣れるということは怖ろしいことだ。ただ、祖父の声につれて復唱するだけで、知らずしらず漢字に親しみ、その後の読書を容易にしてくれたのは事実である。」（『旅人―湯川秀樹自伝―』角川文庫）

賢人は本をたくさん読むといいますが、湯川氏も例外ではないのでしょう。その読書の習慣をつけてくれたのが素読というわけです。素読は、私が提唱する古典の音読に通じる学習の知恵ですが、それについては第6章で詳しくご紹介します。

第2章

子どもを賢くできるのは、学校でも塾でもなく家族だけ

子どもが賢くなる「よい習慣」を身につけさせる

今、変えるべきは家庭環境

第1章で述べたように、日本の教育は知識詰め込み型から、主体性を重視した知識応用型へと大きく舵を切りました。学校の授業や大学入試などが変わっていく中で、もう一つ、変わっていかなければならないものがあります。それは**「家庭」**です。

家庭は子どもの成長の根っこの部分。どんなに素晴らしい学校に通わせても、根っこである家庭がしっかりしていなければ子どもはうまくは育ちません。逆も真なりで、家庭さえしっかりしていれば、幹はおのずと太く大きく育って、美しい花を咲かせることができるのです。特にこれからの日本の教育は、家庭環境にかかる比重が高くなります。大切なのは、普段の生活の中で子どもが賢くなるような、**よい習慣を身につけさせること**。よい習慣のお手本を親が見せてあげることです。

人間というのは、習慣性の強い生き物です。よい習慣を身につければ、どのような状況でも賢くなる方向へと行動できるようになるのです。

親がきちんと歯を磨いていると、子どもも同じように歯を磨く

習慣について、わかりやすいのは歯磨きです。

正しい歯の磨き方は学校でも教えてくれます。そのときに、歯を磨かないとどうして虫歯になるのか、虫歯になるとどんなデメリットがあるのか、という知識も学ぶことはできるでしょう。

しかし、毎日、朝と晩、人によっては毎食後、きちんと歯磨きをする習慣は、どんなに学校で指導を受けても身につきません。家庭で歯磨きを習慣づけようと努力してきた

からこそ、歯磨きをするクセがつくわけです。

では、その習慣をつけるために、どのようなことをしているでしょうか。小さいうちは寝かせて口を開けさせ、お母さんが歯ブラシをかけてやり、一人でできるようになったら洗面台の前に親子で並んで歯を磨く。そうやってお手本を見せませんでしたか？

「歯を磨きなさい！」と口で言うだけでは、歯ブラシを濡らしただけで「磨いてきたよ」なんて言う子も出てきますから、やはり親がお手本を見せることが大事なのです。

ちなみに、知り合いの歯科医に聞いたところ、親がきちんと歯を磨く家庭は子どももも同じように歯を磨き、歯磨きをしない家庭はやはり子どもも歯を磨かなくなるそうです。

教育にも全く同じことが言えます。親がよい習慣を身につけて、身を以て子どもに伝えていく。これからは、ますます習慣の伝承が重要になるのです。

空いた時間の使い方で賢さが決まる

子どもを賢くする家庭の習慣はたくさんあります。その中で、いの一番に挙げるとしたら、空き時間の使い方でしょう。

夕食の後片づけや次の日の朝食の準備を終えて、ほっと一息。「今日もよく頑張ったわ」と肩をもみながら、その後、なにをしていますか？

読書をする、手芸をする、ピアノを弾く、植物の世話をする……。お母さんがそんな時間の使い方ができていれば、お子さんは賢く育ちます。**なぜなら、それらはすべて能動的に、そして主体性を持って取り組んでいることだからです。**

子どもはそのような親の姿を見ています。余った時間で自分も本を読もう、プラモデルをつくろうなどと、あれこれやりたいことを考えるようになるでしょう。

感心しない習慣はテレビです。「あー、疲れたー」とソファに座ってバラエティ番組を観始める。もしかすると、テレビは食事のときからつけっ放しというご家庭もあるかもしれませんね。

時間があると、なんとはなしにテレビを観てしまう。この習慣は子どもによい影響を与えません。テレビというのは、先ほどの例とは逆で、受動的かつ惰性的な娯楽の代表です。流れてくるものをただぼんやりと見ているだけ。心が動かされることも、知性が高まることもありません。

アラスカの大自然をルポしたドキュメンタリー番組など、学習教材にできるような良質の番組もありますが、単に面白おかしくつくった中身のない番組が非常に多いのです。それを1時間観続けても賢くならないことはお母さん自身、感じているのではないでしょうか。「でも、つい観ちゃうのよね」という言い訳は今日限り。お子さんを賢く育てるために、ぜひ改めてください。

医師の子どもはなぜ頭がいいのか

もちろん、子どもに影響を与えるのは、お母さんの習慣ばかりではありません。会社から帰ってひと風呂浴びて、冷えたビールをまずは一杯。「今日は、巨人は勝ってるかな」と床に寝転がり野球中継を観始めるのは、昭和のお父さんの典型でした。

現代ならサッカーの試合をテレビ観戦するか、iPadのようなモバイル端末でSNSの投稿を眺めるか、動画を観るか。子どもを押しのけてテレビゲームに興ずるというお父さんも最近は増えているようです。

いずれにしろ、仕事のあとは疲れを癒し、ストレスを解消することが第一で、能動的になにかをするお父さんは少ないのではないでしょうか。

さて、医師の子どもは往々にして頭がよく、父と同じ医師を目指すケースが多いと言われています。なぜだかわかりますか？　教育にお金をかけられるというのも一理ありますが、それだけでなく**家庭で父親が学ぶ姿を見る機会が多いのです。**

医療の世界は日進月歩です。新たな医療機器や薬品が開発され、研究の分野でも定説を覆す新説が発表されるのは日常茶飯事です。その目覚ましい進歩についていくためには、医師となってからも常に勉強しなければなりません。家で医学書を読み直したり、学術論文に目を通したりすることもあるでしょう。そんなお父さんを見て育った子どもは、勉強するのが当たり前のことになり、机に向かう習慣が自然と身につくのです。

誰しも人生の時間は限られています。空き時間とてその貴重な人生の一部です。そこで自分を高められるような物事に取り組めるか。お子さんを賢く育てるためだけではなく、親御さん自身が幸福になるために習慣化したいところです。

「主体的に学ぶ姿勢」はお母さんの行動がカギ

お母さんの口やかましさは子どもの主体性を奪う

子どもに対してついついお節介になってしまうのが、お母さんの性《さが》。朝の時間は「早く起きなさい。遅刻するわよ」という第一声に始まって、「髪の毛ぐらいとかしなさい」「歯磨きはしたの？」「時間割は揃えてあるの？」「ほら、体育着を持って」「ハンカチとティッシュはここにあるからね」「今日は塾の日だから、早く帰ってきなさいよ」といった具合に、四六時中子どもの行動に干渉をしています。

特に、口やかましくなるのは男の子に対して。男の子というのはどこか頼りなくて、お母さんも放っておけない気持ちになるようです。

小学校低学年であれば、ある程度、お母さんの口出し、手出しが必要かもしれませんが、小学校高学年、まして中学生にもなったら、子どもの自主性に任せてはどうでしょうか。自分で考えて行動する。それは賢さの第一歩なのです。

思い出してください。これからの教育で重視されるのは、主体的に学ぶ態度でしたよね？　身の回りのことが主体的にできないのに、勉強だけは主体的にさせようなどというのは、どう考えても無理な話です。自分で生活を管理できるようになって初めて、主体的に学ぶこともできるのです。

身の回りのことは子ども自身にさせるべし

事実、私立の進学校では、中学校の入学式や保護者会などで「これからは身の回りのことはすべて子ども自身にさせるように」という訓示があるそうです。

遅刻をして先生に叱られるのも、忘れ物をして困るのも、髪の毛がボサボサで友達に笑われるのも、すべては自己責任。ときには痛い目にあって自分で自分を律する力を身につけることが、ひいては主体的に学ぶ力につながるということなのです。保護者会で子離れを宣告されたお母さんたちからは、「寂しい〜！」という悲痛な叫びが一斉に挙がるようですが、かわいいわが子のためとなれば、納得せざるを得ないでしょう。

ちなみに、私立の進学校では、泊まりの学校行事の前に、荷物の支度は子ども自身にさせるようお達しがあるそうです。学校が言わないとお母さんがすべて準備をしてしまうのだとか。

お母さんが手を出すと、困るのは子ども自身です。どこになにが入っているのかわからず、宿泊先でいきなりリュックの中身を引っくり返すことになり、友達には「まだ親にやってもらっているのか」と笑われる始末。これでは踏んだり蹴ったりです。

子ども自身が行事のしおりを見ながら必要なものを揃え、足りないものは買いに行き、できるだけコンパクトにリュックに詰めるということを経験すれば、一連の作業で考えたり、判断したりといった力までつきます。

やってあげたい気持ちはぐっと堪えて、子どもを見守る姿勢を身につけてください。

2歳のうちからその日に着る服を選ばせる

とはいえ、昨日まであれこれ世話を焼いてもらっていた子どもが、「さぁ、今日からは全部一人でやってちょうだい」といきなり言われても途方に暮れるばかりです。結局、なにもできずに、見兼ねたお母さんが手を差し伸べてしまうなんてこともあるかもしれません。

そうならないためにも、小さい頃から少しずつ親離れの準備をしておくことが大切です。

私の知り合いに、子どもが2歳のときからその日に着る洋服を自分で選ばせていたという家庭があります。当然、2歳ではＴＰＯに合わせた選択はできません。しかも、その子は洋服になんの関心もない男の子。自由に選ばせれば、真夏にウールのセーターを引っ張り出すというような、妙ちきりんなことが起こりかねません。

そこで、その家庭ではＴＰＯに合わせた洋服を毎日3セットつくり、その中から好きな洋服を子どもに選ばせたのです。3セットから選ぶぐらいなら2歳児でもできます。

自分の意思で一つを選択するという経験を毎日、積ませていたところ、小学生になった現在は、ＴＰＯも考えながら自分で洋服を選ぶようになったというのです。おまけに、洋服をたたんでしまう習慣も身について、衣類は一切、自分で管理しているというから驚きます。

お手伝いはそっくり任せることが大事

先の話は一例ですが、子どもの年齢に合わせて、その子ができる範囲のことを任せてみるのはよい試みだと思います。お手伝いもその一つです。

お手伝いというと洗濯物を取り込む、お茶碗やお箸を食卓に並べるというように、お母さんの手助けをするイメージがありますが、**主体的に行動するという観点ではなにかをそっくり任せるほうが有効です。**

たとえば、お風呂掃除係に任命したら、一切、親は手を出さないようにします。すると、毎週土曜日の午前中にやろうなどと子どもなりに段取りを組み、きれいにかつ手早く掃除が終えられる方法を考えるはずです。掃除グッズも調べて、スポンジはこれ、洗剤はこれと、よりよいものを選ぶようになるかもしれません。

もし、掃除を怠けて汚れが目立ってきても、代わりに掃除をするのは禁物です。手抜きをすると掃除が余計に大変になることを知るのも学びのうちだからです。

もちろん、掃除をしてピカピカになったら、その都度、褒めてあげてください。

「いつも気持ち良くお風呂に入れるわ。ありがとうね」

お母さんの役に立てるのは、子どもにとって一番嬉しいことなのです。そこから自立心が芽生え、自分に対する自信も生まれるのです。

小学校高学年になったらスケジュール帳を持たせる

主体性をつけるために、もう一つ、ぜひ実践していただきたいのがスケジュール管理です。小学校高学年になったらスケジュール帳を持たせましょうと、私は生徒の親御さんには呼びかけています。**塾や習い事などの予定はすべてその手帳に自分で書き込ませ**

て、**自分で自分の行動を管理させるのです。**

壁のカレンダーを利用している家庭をたまに見かけますが、携帯できる手帳のほうがどこでも確認することができますし、塾や習い事の予定が変わったときもその場で書き込めるので、書き忘れが防げます。

スケジュール帳を持つと、「塾は午後6時からだから、5時には帰らなきゃ」などと時間に対する意識が強くなります。塾や習い事のない日の、遊びの予定を書き込むのもよいでしょう。あらかじめ遊べる日がわかれば、なにをしようかあれこれ考えて想起する力にも結びつきます。

可能であるなら、さらにもう一歩進んで、休む日や遅れる日の連絡も子ども自身にさせてください。自己管理の能力が高まるだけでなく、面倒くさいという理由で、簡単に休みたいとは言い出さなくなるかもしれません。

問いかけの習慣で「主体性」「思考力」「判断力」が伸びる

「どう思う？」「どうしたい？」の一言が子どもを伸ばす

子どもの思考力や判断力を養うには、親の問いかけが重要であると第1章で述べました。この問いかけも子どもを賢くする習慣の一つです。

進路のような大事なことから、塾・習い事の選択、家族旅行の行き先、休日の過ごし方、部屋の模様替えに至るまで、**子どもが関わることすべてにおいて、「どう思う？」「どうしたい？」と問いかけてほしいと思います**。それにより、子どもは自分に問いかけるクセがつき、物事を深く考え、自分の意見をしっかりと持てるようになるのです。

子どもに問いかけるのは結構、面倒な行為です。親の間では夏休みに山登りをしようと心づもりしていたのに、子どもは「海がいい！」と言い出して行き先が決まらない……なんて事態が起こるからです。意見が分かれてしまった場合でも、「お金を払うのはこっちなんだから」と強権を振りかざすのは慎んでください。「ダメなものはダメ」と子どもの意見を封じ込めてしまっては、わざわざ聞いた意味がありません。

大切なのは、お互いが納得するまで話し合うこと。なぜ、山登りに行こうと考えたのかを子どもが理解できる言葉で論理的に話し、そのうえでもう一度、「どう思う？」と問いかけてください。子どもは子どもなりに海に行きたい理由を考えて反論してくるでしょう。「そうなのね。気持ちはわかったわ」と子どもの気持ちを受け止めたうえで、再び、親の意見を述べる。そうやってやりとりする中で、思考力や判断力が育っていくのです。

旅行先は家族で話し合って決める

今後、学校の授業では、アクティブ・ラーニングが取り入れられていくことはすでに述べました。そのアクティブ・ラーニングの一つに、ディベート学習があります。ディベートとは一定のテーマについて、賛否二つのグループに分かれて討論をすること。自分たちの主張を相手に理解してもらえるよう、客観的なデータや資料に基づいて議論をするコミュニケーション形態です。

夏休みの旅行先などを家族で話し合うのは、まさにディベートの一環であり、訓練の場になります。

海がいいというなら、なぜ海がいいのか、その根拠を子どもに示させる。海に行くことのメリットから、具体的な行き先、ルート、それにかかる費用などを提示させるのです。もちろん、山登り派の親も同じように論拠を示してください。

あるいは、プレゼンテーション方式にしても面白いでしょう。小さい子なら絵や写真を画用紙に貼りつけて、お父さんとお母さんを海に行きたい気持ちにさせるよう工夫をする。小学校高学年ぐらいになれば、パワーポイントを使わせてみてもいいでしょう。

ＩＴ技術に長《た》けた人材が求められている今の時代、パワーポイントは基本のキです。小中学校の授業でもパワーポイントを使った作図は取り入れられています。その練習にもなって一石二鳥ではないでしょうか。「たかが夏休みの旅行ぐらいで」と思うかもしれませんが、こうした習慣こそが、これからの教育では非常に大事になります。

欧米の人たちはディベートに強いとよく聞きますよね。それは授業で経験しているだけではなく、家庭でも小さいうちから意見を問われ、論理的に主張しなければならない場面が多くあるからではないでしょうか。

夏休みの旅行ばかりでなく、子どもから物をねだられたときにも、すぐに買い与えるのでなく、親が納得するような論拠を示させることをぜひ習慣にしてください。

「どうしたい？」「どう思う？」を習慣にすると、手ひどい反抗期が防げる

「どうしたい？」「どう思う？」という問いかけは、子どもが一人前として認められていると感じる機会にもなり、自分への自信を生み出します。それにより、**自立心が芽生えて、手ひどい反抗期を迎えずに済むこともあるのです。**

私の知人は一人息子に対して、幼い頃から意見を求めるのを習慣にしていました。旅

行に行くとき、休日に遊びに行くとき、家族で外食をしようというときにも小さいうちから大人と同じように扱ってきたのです。

旅行の計画をすべて息子に立てさせたこともありました。目的地を家族で相談して決めたら、あとは電車の乗り継ぎ、途中にどんなところに立ち寄るかなどすべて子どもに委ねたそうです。大人が考えるよりもユニークな旅になったと友人は笑っていました。

中学生になり、思春期を迎えても、親と口をきかなくなるどころか、時事ネタなどいろいろな話をしたそうです。結局、ほとんど反抗期らしい反抗期のないまま、現在は社会人になっています。

反抗期というのは、自分を一人前であると認めてほしいという気持ちの表れです。この子のように最初から大人扱いされていれば、反抗する意味がないのです。

「子どもの了見で正しい判断はできない」は親のエゴ

さらに言えば、問いかけを繰り返すことで親に対する信頼感も厚くなるように感じます。

進路を決めるときや塾に行くかどうか、受験のために習い事はやめるべきかといった大事な決断の際、親は子どもの意思を無視しがちです。「子どもの了見では正しい判断はできない」と思い込んでいる、エゴイストな親御さんは少なくないのです。

たとえば、中学受験。都市部では中学受験が定着して、私立に通わせる資金繰りができる家庭は、当然のように中学受験を選択します。子どもが望んでいるなら、受験させるのは悪いことではありません。しかし、子どもが望んでいるかどうかも確認せずに、「みんな受験するのだから、うちも当然」と決めてしまってはよい結果になりません。

「あの学校に入りたい」という思いなしに勉強するのは、ただ苦痛なだけです。仮に第一志望に合格したとしても、学校の校風になじめず、中途退学をして地元の中学に通い始めたという子どもはたくさんいます。

子どもへの問いかけは、「百利あって一害なし」なのです。

親に学歴がなくても関係ない

親の学歴コンプレックスを子どもに穴埋めさせない

「うちは私も夫も学歴が低くて。だから、子どもはいい大学に入れてやりたいんです」

子どもの勉強について相談に来たお母さんから、そう打ち明けられたことがあります。聞けば、ご主人は偏差値的には高いとは言えない大学の出身。就職活動で大変、苦労をした経験から「もっと名のある大学に行っていれば」と悔いているのだそうです。

一方、お母さん自身は短大卒。パートで家計を補っているといいます。

子どもは小学6年生の男の子。難関私立中学校を目指して塾通いに明け暮れ、友達と遊ぶ暇もない状態でした。それだけ勉強しているにもかかわらず、成績が思うように伸びないことから相談に来たというわけです。

親が子どもの未来に期待をする。これはどの家庭にもあることですし、否定するものではありません。子どもへの期待は子育てのエネルギーであり、期待があるから辛い子育ても乗り切っていけるのです。

ただし、高学歴を獲得するためだけに、子どもに勉強を強いるのは感心できません。親からの重圧と過酷な塾通いで心を病んで、大学進学はおろか、学校にさえ通えず、引きこもってしまった子どもたちを私はたくさん見てきました。

子どもには子どもの夢があり、人生があります。それを蔑ろにして、親のコンプレックスの穴埋めをさせることに、どのような意味があるのでしょうか。

一流大学の学歴は履歴書の一行にしか過ぎない

確かに、かつての日本では一流と言われる大学を出ることが、官公庁や有名企業に就職するための条件でした。一流大学を出れば引く手あまたで、自分が望む会社で働くことができたでしょう。その流れを引きずり、今も大学名で学生を選抜している企業が少なくないのは事実です。

しかし一方で、どの大学を出たかではなく、大学でなにを学び、どのような才能や技能を発揮できるのかといった点を見て採用を行う企業も増えてきています。

特に、高度なＩＴ能力を求める企業や世界に拠点を持つ外資系企業は、完全な能力主義です。そこでは一流大学を出たことなど、履歴書の一行にしか過ぎません。教育のものさしが変われば、学歴のヒエラルキーはますます薄れていくはずです。

親というのは、収入の高さ、安定性といった自分の価値観で子どもの将来を考えがちですが、子どもはもっと純粋で自由です。

将来なりたい職業を調べたランキングが毎年、発表されていますよね。それを見ると、男の子の第一位はサッカー選手で、女の子の一番人気はパティシエです。それ以外にも、警察官、電車の運転手、ゲームクリエイター、保育園の先生、デザイナーなど、大学に行かなくても就ける仕事が多く挙がっています。

漆塗りの名工になるもよし、クラフトデザイナーになるもよし。自分が好きなことを仕事にするのが、人生の一番の幸せです。職業の選択肢はごまんとあります。大学に進学すること、まして一流大学に進むだけがすべてではないことを、忘れずにいてほしいと思います。

偏差値の高さで志望校を決めるのは愚かな行為

中学受験についても同じことが言えます。

そもそも私立学校は学校施設が充実していて、修学旅行など課外授業も多いなどのメリットがある半面、大学受験対策のため、授業が前倒しで行われるので落ちこぼれる生徒も相当数にのぼります。

子どもの性格や成長の速度、学習スタイルなどを見極め、受験するかどうかを慎重に決めるべきところ、学歴コンプレックスの強い親御さんは、「とにかく名の通った学校に行かせたい」と、なにも考えずに受験を決めてしまう傾向が見られます。これは大変、危険です。

志望校の選定も本人を無視して、偏差値の高さや東大・早慶上智の合格率だけで決めてしまいがちです。

特に危惧されるのは、通学時間。電車で片道1時間、ラッシュでもみくちゃにされながら通うのは、子どもにとって相当な負担です。それならば、片道30分以内の通学しやすい学校から、子どものペースでレベルアップができるところを選んだほうが、子どものためになるように思います。

学歴は目的ではなく、結果です。大学の入試制度は親御さんが受験したときとは全く異なり、4割がＡＯ入試や推薦入試という時代です。今後はさらに変化していくでしょう。

親御さんの成功体験も失敗体験も子どもの受験には通用しません。勉強、勉強と目くじらを立てるよりも、まずは子どもの個性を伸ばしてあげること。そして、本当の意味での賢さをつけてあげること。これを第一に考えるべきだと思います。

リビングに本棚がある家の子は頭がよい

「そうは言っても子どもには賢くなってほしい」という方は、まず住まいの中の環境から見直してみてはどうでしょうか。

家庭教師歴40年の私は、個人宅に出向いて子どもに勉強を教えてきました。これまで800軒以上の家庭を訪問していますが、**勉強ができる子の家庭にはいくつかの共通点があります。**

一つはリビングに本棚があること。サイズは大小さまざまではあるものの、日常的に本が目に触れる場所に置かれているのです。壁一面が本棚になり、親の持ち物であろう文学全集から哲学書、学術書、子ども向けの文芸書や図鑑などがズラリと並んでいる家庭もありました。

身近に本があるため、その家では両親も子どもも暇な時間ができるとすぐに本を読み始めます。珍しい虫や植物を見つけたときにも図鑑を開いて、「これか〜」と一人で納得していたり、ときにはお母さんに「これが公園にいたよ」と教えてくれたりするそう

○○じてん
○○じてん
○○ずかん□
○○ずかん□
○○ずかん□
○○ずかん□
○○ずかん□

です。

二つ目は地球儀や地図があること。新聞などで知らない国の名前がでてきたときには、どこにあるのかをすぐに確認する習慣がつきます。「ホンジュラスって中央アメリカにあるのか。首都はテグシガルパ。グアテマラの隣ってことはコーヒーもよく採れるのかな」というように、探究心を広げていけるわけです。

一方で、置いていないものもあります。それはテレビです。あっても部屋の片隅に追いやられているか、親の寝室に設置されているか。逆に、さして広くないリビングに大画面のテレビがデンと鎮座している家庭の子どもは、大抵、勉強ができません。

親の学歴は、大学に入り直さない限り、どうすることもできませんが、住まいの中の環境ならいつでも変えられます。すぐに実行して損はないはずです。

お金をかけなくても子どもは賢くなる

膨大な教育費のウラには多額の塾代があった

人生の二大出費と言われるのが、住宅購入費と教育費です。住宅購入は買うか買わないかの選択ができますが、教育費は子どもを授かった限り、払わないわけにはいきません。

文部科学省の「子供の学習費調査」（平成26年度）から試算すると、子ども一人にかかる教育費は、幼稚園から高校までオール公立の場合は約523万円。小学校だけ公立で、それ以外のすべてを私立に通わせると約1041万円と倍近くにも及びます。昨今人気の医大・医学部に行かせるとなれば、さらに金額はアップ。優に2000万円を超えてしまうのです。しかもこれは入学までにかかる費用で、私立の医学部に入った場合などは卒業までにさらに7000万円かかるといいます。これでは少子化になるのもよくわかります。

大きな出費に備え、家計を切り詰めながらせっせと貯蓄に励んでいるご家庭は多いと思いますが、本当にこれだけの教育費が必要なのでしょうか。

実はこれらの金額のうち、かなりのウェートを占めるのが学習塾や家庭教師などの〝補助学習費〟。授業料の安い公立小中学校の場合、授業料より補助学習費の占める割合が高く、中学3年生で年間約38万円にのぼります。私立の場合、金額はさらに跳ね上がり、最も高い小学6年生では年間約52万円を塾などに支出しているのです。

親が勉強を教えれば塾代が浮く

従来の塾の内容では大学入試への対応が難しくなることは、第1章でお話しした通りです。社会で活躍できる力もつけられないのです。であれば、塾に多額のお金を払う意味はありません。つまり、塾に通わせないという選択は大いにアリなのです。

では、勉強はどこで見てもらえばいいのか。結論を言えば、**子どもの勉強を見るのは親。そう、お母さんです。**

「私の頭じゃ、ムリムリ〜」と頭を振るかもしれませんが、難しいことではありません。漢字を余分に覚える、計算を速くさせるという基礎学力をつける訓練をさせてやればいいのです。

親が勉強を見る習慣は、欧米ではよくあること。特に小学生までの子どもにとってはお母さんが教えてくれたほうがよく頭に入るとも言われています。

見習うべきはシングルマザーの教育法

このように親が教えて塾代を軽減しているモデルケースは、いくつも存在しています。素晴らしいと思うのは、シングルマザーで実践している人たちです。

共働きでなんとか家計をやりくりする家庭が多いこの時世にあって、彼女たちは片側の車輪だけで懸命に子育てをしています。その姿勢は教育のプロの私から見ても、見事というほかありません。

その一人が、現役東大生で、話題の企業分析小説を手がけた大熊将八さんのお母さんです。彼女は子どもが幼稚園のときからクッキーの数で足し算を教えたり、ピザで分数を教えたりしていたといいます。

たとえば、ピザを8等分に切って、「8切れのうちの1切れだから、これは8分の1というんだよ」といった具合に、さりげなく数の概念を頭に入れるようにしたそうです。

それを少しずつ難しくしていき、できたら褒めるを繰り返すうちに、友達が知らないことを先に調べたり体験したりして、小学生になってからは自分から勉強の先取りをするようになったのです。

しかも、勉強だけでなく、自転車、一輪車、逆上がりなども人より早くマスターしたい一心で練習をして、お母さんはその練習にとことんつき合ってくれたと彼は言います。できることが増えていくことで、「努力は実る」ということを実感したとか。新聞も早くから読み始めて、中学に入ってからは友達と経済の話をよくしていたというエピソードからも、机上の勉強に終始していないことがよくわかります。

私の知人には、勉強し直すつもりで子どもと一緒に学んでいたら、いつしか自分のほうがのめり込んでいたという女性もいます。彼女は昔から勉強が大嫌いだったそうですが、わかることが増えていくのが快感になって、止まらなくなったと言います。嬉々として教科書を開く親の姿を見てエンジンがかかった彼女の子どもは、やはり東大に合格したのです。

年収400万円台でも東大に合格できる

先の大熊さんの場合、東大を受験する際も基本的に独学で勉強しています。理由は、塾代を浮かせるため。参考書もブックオフで中古品を買っていたそうです。

当時の親の年収は400万円台。教育費にお金をかけられる状況ではなかったからです。

「学校通わせてくれてるっていう時点でお金かけてもらってるって思っている」

将八さんの言葉に、お母さんはきっと報われた思いになったことでしょう。

別のシングルマザーの東大生の息子さんたちも、塾には高校2年の秋から通っただけ。塾を控えたのは家計の厳しさもありますが、そもそも彼らには塾や予備校で頭をよくしてもらおうという考えがさらさらないのです。実際、塾に入ったのも情報収集が目的。入試の傾向は毎年変わるので、最新情報を仕入れるためにやむなく入ったというのです。

そのお母さんの月収は毎月16万円程度。パートなのでボーナスもありません。

正社員で働けばもっと高い給料がもらえることはわかっていたものの、あえてそうしなかったのはひとえに子どもたちのため。正社員になれば朝早く家を出て、残業が発生することもあります。母親がいないことで、子どもたちに寂しい思いをさせたくない。そう考えて、勤務時間の短いパートの仕事を選んだというのです。

彼女の場合、子どもの勉強についてはノータッチだったそうです。別れた夫は子どもに勉強を強いる人で、それが離婚の理由でもあったのです。そのため、「勉強をしなさい」という言葉は絶対に口にするまいと思っていたといいます。

その代わりに見せていたのは、子どもたちのために働く自分の姿。おしゃれにはお金を使わず、その分、誕生日やクリスマスのプレゼントにお金を回す。片親の負い目を感じさせるまいと懸命に働くお母さんのためにも、子どもたちは勉強をしようと思ったというのです。

お金をかけずに子どもが賢くなる街探索と廃材工作

子どもの教育には、お金をかけなくてもできることがたくさんあります。休日はキャンプのようなフィールドワークをおすすめしていますが、遠出をするお金がないなら身近でできることを考えればいいのです。

ある家庭では、玉川上水を歩いてたどるというフィールドワークをしていました。

まずは地図で経路を下調べして、丸一日かけて歩くのです。途中でキーポイントになる場所の写真を撮り、最後にレポートとしてまとめさせる。費用は途中で食べた蕎麦代ぐらいで、ほとんどかかりません。

公園や街路樹にどんな植物が植えられているのかを調査するのも立派なフィールドワークですし、商店街の店を調べて、もっとお客さんを呼ぶにはどのような工夫が必要かを夏休みの自由研究にした子もいました。

家で工作をするのもよいでしょう。工作というと、ホームセンターで木材を買い込んだり、親御さんによっては何千円もする工作キットを買って済ませようとしたりしますが、そこは頭の使いようです。

まずはトイレットペーパーの芯を捨てずに、コツコツ貯め込んでおきます。通販のダンボール箱やお菓子の包装紙など、使えそうなものは取っておきましょう。こうした廃材をボンドで貼りつけていけば、巨大ロボットでも、怪獣でも、遊園地の観覧車でもなんでもつくれます。

お金をかければ子どもが賢くなるというのは、単なる思い込み。親御さん自身、発想を転換するときが来ているのです。

子どもの感受性を育てるのは親の役目

感受性とは〝もの〟や〝こと〟に敏感に反応する感覚

子どもを賢く育てたいと考えるなら、もう一つ、大事にしたいことがあります。それは**「感受性」**です。

感受性とは読んで字のごとく、さまざまな〝もの〟や〝こと〟を受け止めて、敏感に反応する感覚のことを言います。

グラデーションを描く夕焼け空を「きれいだなぁ」と眺めたり、道端に咲く花の愛らしさにしばし足を止めたり、さわさわと肌をなでる風の心地よさに目を細めたり。こうしたときの心の動きは、すべて感受性があるからこそ生まれるものです。もし、感受性がなければ、夕焼け空はただの空であり、道端の花にも心地よい風が吹いていることにも気づかないかもしれません。

「感受性が豊か」「感受性が強い」という言い方をよくしますが、それは感じ取る〝もの〟や〝こと〟が多いということ。たとえば、海岸で海の景色を眺めているときも、海水の透明感に感動するだけでなく、遠くのヨットや砂浜でチョロチョロするカニの動きを「面白いなぁ」と眺めつつ、遠くから聞こえる鳥の鳴き声に「どんな鳥だろう？」と耳をすませる。

そういった他人が気づかないような小さなことにも反応できるアンテナが、頭の上にたくさん伸びているというイメージです。

感受性が豊かであれば、日常のささいなことにも美しさ、心地よさ、面白さなどを感じることができるようになります。「住めば都」という言葉がありますが、どんな環境で生活してもその中に美しさ、心地よさ、面白さが見つけられたほうが得ですし、人生も豊かになる。

加えて、これからの教育の主軸とされている「主体的に学ぶ姿勢」も、感受性によって育むことができるのです。それについては追い追い述べるとして、まずは感受性についてもう少々ご説明しましょう。

感受性は親の態度と言葉がけで育つ

感受性の豊かさは生まれついての素養と思っている方が多いようですが、それは大きな誤解です。**感受性は生まれたあとに育つもの。親が育てていくものです。**

そのために欠かせないのは、〝ナマ〟の体験とお母さんの言葉がけです。これがしっかりできているかどうかによって、子どもの感受性はまるで違ってしまうのです。

たとえば、秋は公園でも鮮やかな紅葉を目にすることができます。赤や黄色に色づいた美しい木々は、絵画の世界にいるような感動をもたらしてくれます。

そんな美しい景色の中にいても、もし、お母さんが無関心でなにも声をかけなければ、幼い子どもはそれが美しいものだとは認識できません。おそらく葉っぱの色の変化など気にもとめないでしょう。

しかし、お母さんが「葉っぱの色がきれいだね。これは紅葉っていうんだよ」と一言言うだけで、子どもは木々に目をやり、「この葉っぱの色は美しいものなんだ。そういえば、いつもは緑なのに色が変わっている。面白いな」と認識ができるのです。

光り輝く満月を見ながら「今日は月がきれいだよ。見てごらん」と声をかければ、子どもも空を見上げて「本当だ。ものすごく明るくてきれいだな」と感じるでしょう。

そうやってお母さんが美しいものを見たときにそれを言葉にして伝えることで、子どもは美しいものを美しいと感じられる感覚、すなわち、感受性を伸ばしていくのです。

ちょっと振り返ってみてください。お子さんが小さい頃、「ほら、わんちゃんがいるよ。かわいいね」「ピンク色のお花が咲いているよ。きれいだね」と、よく話しかけていませんでしたか?

実はそれこそが、感受性を育てる言葉がけです。幼い頃にはできていたことでも、子どもが大きくなると塾や習い事で忙しくなり、親子でゆっくり話す時間すらないという家庭も見受けられます。そのまま大人になってしまうとどうなるのか。考えてみていただきたいと思います。

五感を刺激する、自然の中でのリアルな体験

感受性を豊かにするのは、目にしたものだけではありません。手や肌に伝わる感触、音、におい、味など、五感から感じるものすべてが感受性を生み出すもとなります。

旬のみずみずしい梨を味わって「やっぱりこの時季の梨はおいしいね」と親子で言い合うことも、感受性を育てることにつながります。「秋はサンマの旬なんだよ。脂がのっておいしそうでしょ？」と、焼きたてのサンマを食卓にあげるのも同様です。

コンビニ弁当や冷凍食品になると、旬の味わいやできたてのおいしさは期待できません。でき合いのものばかり食べていると、豊かな感受性は育たないのです。

昨今、盛んな食育も、味覚を育てるばかりでなく、食を通じて豊かな心――感受性を育てることが目的なのではないでしょうか。

このように、日常の生活の中でも感受性を育てる機会はたくさんありますが、最も効

果的なのは自然の中に連れ出して、リアルな体験をたくさんさせてあげることです。

たとえば、家族でキャンプに行けば、虫捕り、木登り、釣り、焚き火など五感は刺激をされまくりです。感受性のアンテナはピッピッピッと一気にいくつも伸びるでしょう。私が常に「子どもは自然の中に連れ出すべし」と訴えているのは、自然こそ感受性を育てるのに最良の環境だからなのです。

感動を親子で共有できる機会をつくる

自然の中で〝ナマ〟の体験をする機会としては、家族で山登りをするのもオススメです。登山をしたことのある方ならおわかりでしょうが、山の中は決して静かではありません。さまざまな鳥や虫の鳴き声がして、風に揺れる木々の葉ずれの音も聞こえてきます。時折、害獣を威嚇する鉄砲音が遠くで響くなんてこともあります。

においも同様で、土のにおい、木のにおいなどいろいろなにおいが立ち込めています。山道は木の根っこなどが地面にはびこっていますし、木の枝やゴツゴツした岩を手と足で捉えながら登るような場面も出てきます。

自然に導かれて、何時間もかけて山を登っていく。それだけでも感受性は伸びますが、さらに、その先に待つのは山頂からの雄大な眺め。そのときの感覚はもう、言葉にはなりません。

感受性を伸ばすには、お母さんの言葉がけが大事と先ほど言いましたが、言葉にならない感動を親子で共有する。これもまた、感受性を伸ばすことにつながるのです。

リアルにあってバーチャルにはないもの

今はバーチャルの世界が飛躍的に進化して、画面上で世界中の景色を360度全方位眺めることもできるようになりました。しかし、どんなに鮮明な映像や音声であっても、リアルに勝るものはないと確信しています。

リアルにあってバーチャルにないもの、それは体感です。

私たちはなにかを見たり聞いたりしているときに、目や耳だけでなく、肌や骨、つまり全身でその感覚を受け止めています。

たとえば、打ち上げ花火をテレビ中継で観ても、ちっとも面白くありませんよね。それは花火が開くときのお腹を突き上げるような、あの振動が感じられないからです。ライブで聴く音楽に、ＣＤとは比べものにならないほどの興奮を感じるのも、同じことです。

その場にいなければ感じ取れないものはたくさんあります。そして、その中からなにに焦点を当て、なにを感じるかはその人次第。同じ景色の中にいても、感じていることが違うから面白いのではないでしょうか。

感受性の成長こそが子どもを賢くする

感受性のアンテナが立てば自分から発見する力につながる

感受性が豊かに育った子どもは、親が言葉をかけなくても自分から「美しい」「楽しい」「心地良い」「面白い」を見つけ出すようになります。

「公園で不思議な鳥を見つけたよ。羽が黒くてくちばしが長くて赤い点があるの」とお母さんに報告してくれることもあるでしょう。

家事に追われていても、少し手を止めて聞いてやり、「すごいものを見つけたね。それって滅多にいない鳥なんじゃない？」と多少オーバーなぐらいに、子どもの感動に共感する言葉をかけてあげてほしいのです。

「えっ、そんな鳥がいたの？　まだいるかな？　お母さんも見たいから公園にもう一度見に行ってみよう」というところまでできれば、なおよいと思います。

自分の気持ちにお母さんが共感してくれたことで、感動はより深く鮮明になります。そして、もっと素晴らしいこと、面白いことを見つけようとします。そうやって、感受性のアンテナがますます増えていく。よいスパイラルを起こすのです。

男の子は動く面白いもの、女の子は身近にある「素敵」に反応する

お母さんに覚えておいてほしいのは、感受性のアンテナがピピピと反応する物事は男女で違いがあることです。

「面白い」「かっこいい」に反応するのは男の子。「なにか面白いものはないか」「かっこいいものはないか」と、ハンターのようにアンテナを伸ばして探しに行く特性があります。

動くものに反応しやすく、車や電車に興味を持つのはそのため。公園に行ってもハトを追いかけたり、団子虫を何十匹も集めたり。クワガタムシを捕まえて「かっこいいなー」「最強だよな」などと友達と話して、そのうち見ているだけでは飽き足らなくなり、クワガタ対カブトムシの対戦が始まるというわけです。

一方、女の子は自分の身近にある「かわいい」「素敵」を見つけて反応します。公園に咲いている小さな花や、散歩中の子犬を見かけたら「かわいい～」と駆け寄っていくのは、だいたい女の子です。

「甘いにおいがする～」と花の香りを嗅いでみたり、「毛がふわふわだ」と子犬をなでてみたり。おもちゃのネックレスやティアラをつけてうっとりするのも、「素敵」に反応する女の子の感受性の特性なのです。

個人差はあるでしょうが、大切なのは子どもそれぞれの感受性をそのまま受け止めてやること。思春期が近づくと、「紅葉がきれいだね」と親が声をかけても興味を示さないことはよくあるものです。絵画展などに連れて行っても、ちっとも見ずに外の広場で遊んでいたなんてこともあるでしょう。

そこで無理やり押しつけるのは一番、やってはいけないこと。感受性を豊かにするどころか、逆に感受する心を萎縮《いしゅく》させてしまうので注意してください。

周りへの興味が知性につながる

では、感受性が豊かになると、どうして頭がよくなるのでしょう。

理由は明快です。アンテナがたくさん立つことで、周囲のさまざまなことに興味を持てるようになるからです。

興味とは言い換えれば好奇心。すなわち、好奇心が旺盛な子どもに育つのです。

「好奇心は力強い知性の最も永久的な特性の一つである」と言ったのは、18世紀のイギリスの文学者、サミュエル・ジョンソンですが、その好奇心の大もとが感受性なのです。

興味を持ったことに対して、「もっと知りたい」という欲求が湧くのは、人間の摂理です。恋愛と同じで、好きになった相手のことはもっと知りたくなるわけです。

先の鳥の例で言えば、なんという名前なのか、珍しいのかよくいるのかといったことを調べてみたくなるでしょう。

その欲求が高まったときに、図鑑を手渡すでもよし、博物館に連れて行くでもよし。小さいうちなら一緒に調べてみても構いません。子どもに芽生えた探究心をちょっと後押ししてやればいいのです。

子どもがなにかに興味を持ったら、その面白さや感動した気持ちを書かせてみるのもよいでしょう。普段は無口なのに、自分が興味のあることだけには雄弁になる人はよくいます。ＳＮＳでも美しい景色や楽しかったイベント、おいしかった食事などが写真とともに盛んに投稿されていますが、感動や発見があると、誰かに伝えたくなるものなのです。

普段は文章を書かない子どもでも、興味があることなら書こうという気持ちになるはずです。表現もおのずと豊かになり、書くことが楽しく感じられるかもしれません。それを機に、作文力を伸ばしていけたらしめたものです。

感受性をベースにして好奇心が生まれ、その好奇心が知性へとつながっていく。こうしたプロセスで学ぶのが本来の学問であったはずです。自分の興味から生まれた課題に対しては、子どもも熱心に学ぶことができるのです。

それこそが、「主体的に学ぶ姿勢」ではないでしょうか。

このプロセスをすべて飛ばして知識だけを学ばせようとすれば、勉強がつまらなくなり、放り出したしたくなるのも当然です。

知性に先行するのは感受性。このことを忘れないようにしてください。

やさしさも空気を読む力も感受性から生まれる

もちろん、感受性がもたらしてくれるものは知性だけではありません。

一つは、たくさんの趣味です。植物に興味が湧けば世話をしてみたくなり、ガーデニングが趣味になるかもしれません。絵画に興味を持てば、自分でも描いてみたくなるでしょうし、世界中の美術館を巡るのが楽しみになるでしょう。

逆に、何事にも無関心になると、休日は近くのショッピングモールで時間をつぶすか、家でゴロゴロしているか、はたまた仕事に忙殺されているか。そんな生活、つまらないと私は思いますが、それをつまらないとすら感じなくなるかもしれません。

二つ目は、人にやさしくなれること。身の回りの物事に感動や喜びを見出せる人は、友達のよいところに目を向けられるようになります。どんな人にもやさしい気持ちで接することができて、周りから好かれることは間違いありません。

社会に出てからも周りに心遣いができて、多くの人に慕われるでしょう。

3つ目は、場の空気が読めること。周りの物事に関心があれば、その場の空気を察知して、ふさわしい行動が取れるようになります。ビジネスにおいては、感受性が豊かな人のほうが商談やプレゼンテーションがうまくいくとも言われているそうです。

子どものうちに感受性を育ててあげることは、親が子どもにできる最高の贈り物だと思います。小学生や中学生からでも遅くありません。ぜひ、リアルな体験と言葉がけを実践してください。

第3章

子どもを賢く育てる お母さんの3つの共通点

できるお母さんは、子どもの成長を見逃さない観察力がある

どんな子でもキラキラと目が輝く瞬間がある

第1章と第2章では、教育改革とそれを踏まえた家庭のあり方について述べてきました。今後はお母さんをはじめ、家族の役割が非常に重要になることは、おわかりいただけたのではないでしょうか。

そこで、第3章ではもう少し踏み込んで、子育てのコアとなる子どもへの具体的な接し方についてお話ししたいと思います。

家庭教師歴40年の知見をもとに申し上げるなら、**子どもが賢くなるよう育てているお**

母さんには3つの共通点があります。

その一つとして、まずお伝えしたいのが「**観察力**」です。

どんな子どもでも、一つのことに熱中してぐーっとのめり込むことがあります。そのときは目がキラキラと輝いて、とてもよい表情をしています。

普段から子どもの表情や頭の中の状態をよく観察して、そのぐーっとのめり込んでいる瞬間を見逃さない。これができている家庭のお子さんは確実に賢く頭がよいです。この「頭がよい」というのは、単に一流大学に入れるというのではなく（そういうケースも多々ありますが）、自分が選んだ世界で活躍できる、自己実現性が高いことを意味します。

のめり込んでいるときは、口出し手出しは無用

この「のめり込む瞬間を見逃すべからず」という話をお母さん方にすると、ほとんどの方がこう聞いてきます。

「では、そのとき何をすればいいのでしょう？」

「どんな言葉をかけると効果的ですか？」

ズバリ申し上げます。**手出し口出しをするのは逆効果です。**一切してはいけません。ただただ、静かに見守ってあげればいいのです。

子どもがなにかにのめり込んでいるときは、脳が最大限に活性化しています。頭がよくなるほうへと、自分で自分の機能を高めているのです。このことを私は「**高まり**」と呼んでいます。サーモグラフィーで表示すれば、脳が広範囲で赤くなっている、そんなイメージです。

口出しは、トップスピードの子どもにブレーキをかける

子どもが車のプラモデルをつくっているとしましょう。パーツを組み合わせるときには、すでに高まりは最高潮に達していることと思います。そのときは、車ができ上がって子どもが満足した状況になるまで、話しかけてはいけません。

もし、途中で「なにをつくっているの？　難しそうだね」などとお母さんが話しかけ

集中してるから
邪魔しないで
おこう……

ようものなら、集中が途切れて、高まりはそこでストップしてしまいます。

パーツの組み合わせがわからずモタモタしているときに、「それじゃなくてこっちじゃないの？」と口を挟んだり、「ちょっと貸してみなさい」と手を出したりするのは最悪です。高まりは一気に冷めて、もうもとには戻りません。

たとえば、100メートル走でトップスピードになったときに、目の前を人が横切ったら、その瞬間、ブレーキがかかりスピードは落ちてしまいますよね。急に止まろうとして転んでしまうこともあるでしょう。お母さんがすべきことは、トップスピードのままゴールまで駆け抜けさせてあげることなのです。

鬼ごっこ、かくれんぼ、缶蹴り……すべて「高まり」の連続

この高まりはさまざまな場面で見られます。子どもの世界では鬼ごっこ、かくれんぼ、缶蹴りなどの遊び。縄跳び、鉄棒、運ていなどもしかりです。

河原に行くと、子どもはよく石投げをしますよね。川に向かって石を投げて、水面で

石を跳ねさせるあの遊びです。地域によっては水切り、石切りとも呼ばれているようですが、何度も石を跳ねさせて、できるだけ遠くまで到達させるところに面白さがあり、1時間でも2時間でも石を投げ続ける、なんていうこともあるわけです。

このときも、子どもの頭の中はぐーっと高まっています。「そんなことを続けてなんになるの?」とは思わずに、飽きるまで続けさせてあげてください。

習い事の練習や勉強をしているときも同様です。「頑張っているわね」という褒め言葉は後回し。「あ、またあそこでミスをした」と注意したくなったときも、ぐっと我慢です。小言を言いたくなるなら、子どもは放っておいて家事をするなり本を読むなり、自分も別のことに集中すればいいのです。

褒めどきは目的を達成して、高まりが少し冷めたあとです。「さっき、すごく集中していたね。とてもいい顔していたよ」などと繰り返し伝えていけば、子どもは自分の頭の中が活性化している状態を認識します。そして、その状態が頻繁に起こり、できるだけ長く続けていけるように自分で自分を促せるようになるのです。

「お腹が空いたからなにか食べたい」と同じこと

この「高まり」については、優れた幼児教育者として有名なマリア・モンテッソーリの考え方とも共通しています。「子どもがなにかに集中しているときは、子どもが一番伸びているときで、光り輝いているときだ」と彼女は言い、その光り輝く時間を幼児期のうちからできるだけ多くつくることが重要だと説いています。それが教育の本質なのです。

少し難しい話になりますが、そもそも「高まり」とはなにかということをご説明しましょう。人間は誰しも自分を高めたい、よりよくしたいという欲求を持っています。その欲求は、お腹が空いたからなにかを食べたいという欲求と同じです。空腹が満たされれば幸せな気持ちになりますよね?

同様に、自分を高めたいという欲求が満たされると、人間は幸福感を得られるのです。鉄棒でも跳び箱でも、できなったことができるようになると幸せな気持ちになるのは、自己向上という欲求が満たされるからなのです。

自己向上の欲求とは生きるためのエネルギー

しかし、人間とは欲張りなもので、一時の幸福では飽き足らず、さらなる幸福感を求めようとします。跳び箱なら「5段は跳べたから、次は6段を跳びたい」という気持ちが湧いてきます。その欲求を満たすために、再び、練習に励む。欲求とは言い換えればエネルギーであり、その連続が生きる力になっていくのです。

勉強も同じです。知性を身につけて自分を高めたいという欲求と、その先の幸福感のためにするものなのです。親に強制されてするものではないということを、頭に入れておいてほしいと思います。

もっとも、この高まりたいという欲求の強さと、その結果としてどのくらい向上できるかには、個人差があるのも事実です。それは子どもの個性であって、他の子と比べてとやかく言うことでありません。その子なりの速度で賢さが育っていればいい。そうゆったりと構えてあげてください。

できるお母さんは命令口調をしない、「ダメ！」と無闇に言わない

昭和と平成、家庭内の言葉遣いの違い

古い作品で恐縮ですが、小津安二郎監督の「東京物語」をご覧になったことはあるでしょうか。この作品に描かれているのは戦後間もない日本の家庭ですが、卓越した心情表現とともに、私が感心するのは日本語の美しさです。家庭の中でも敬語を使い、主語、述語、助詞・助動詞のあるきちんとした文章で会話が交わされています。

また、昭和初期からの時代を描いたＮＨＫ朝の連続テレビ小説「とと姉ちゃん」でも、子どもたちが親に敬語を使い、親も子どもたちに丁寧な言葉で話しかけていました。

そうした言葉遣いは、映画やテレビドラマの世界だからというのではなく、当時の日本では当たり前のものだったのです。

翻って、現代はどうでしょう。

「宿題は？」「したよ」

「お風呂、入ってよ」「これ読んだらね」

「塾のお弁当、これね」「わかった」

というように、日常会話は単語の羅列。文章になっていません。

最近は親子でメールやＬＩＮＥのやりとりをする家庭も増えていますが、その会話もほぼすべてが単語で成り立っています。言葉を打ち込むならまだましで、返答はスタンプで済ませることも多いようです。

単語トークでも、意思の疎通ができれば問題はないという考え方もあるでしょう。

しかし、小説や論文は単語だけで書かれているでしょうか。自分が作文を書くときも、単語の羅列では伝えたいことを書くことができるでしょうか。

昨今、子どもたちの国語力の低下が著しいという指摘がありますが、その原因の一端には、こうした家庭内での言葉遣いの変化があるように思えてなりません。

日本語了解能力が高い親の子どもは国語が得意!?

きちんとした日本語が使える力を、私は「日本語了解能力」あるいは「日本語運用能力」と呼んでいますが、**言葉遣いが丁寧だなぁと感心するお母さんの場合、その子どもも日本語了解能力が高く、国語を得意とする傾向があります。**主語、述語、助詞・助動詞が揃った丁寧な言葉遣いを普段から耳にしているため、長文を読むのは苦にならず、作文や論文を書くときも自分の言いたいことをすんなりと文章化できるのです。

さらに言えば、**国語は他の教科を学ぶうえでもベースとなるため、日本語了解能力が高いということは勉強全般において有利なのです。**

「うちは単語トークが多いかも」と感じるのであれば、主語、述語、助詞・助動詞をきちんと使って、文章で会話するよう意識してみてください。「〇〇でございます」とまで丁寧にする必要はありません。

先ほどの単語トークを文章化するなら、次のような感じになるでしょうか。

「○○ちゃん、宿題はもう終わらせたのかしら？　もし、まだ終わらせていないようであれば、早めに済ませておきなさいね」

「お風呂が沸いたわよ。お母さんは食事に使った食器を洗ってしまいたいから、○○くんが先に入ってくれると助かるわ」

「塾のお弁当をつくったので、ここに置いておくわね。忘れてしまうといけないから、○○くんが先にリュックに入れておいてくれると安心だわ」

いかがでしょう。最初のうちは回りくどく感じるかもしれませんが、このぐらいならできそうな気がしませんか？

丁寧な言葉を心がけると叱り方がうまくなる

丁寧な言葉で会話するお母さんは叱り方も上手です。丁寧に伝えようとすることで、具体的かつ論理的に叱ることができるのです。

電車内やデパートなどで騒ぐ子どもに対して、「ダメ！」「うるさい！」と叱りつけているお母さんがよくいますよね。この叱り方は単語トークの最もよくないパターンです。子どもにしてみたら、なにがダメなのか、どうしてうるさくしてはいけないのか、全くわかりません。そこで、叱り方を丁寧にしてみると――。

「○○くん、電車の中には大勢の人が一緒に乗っているのよ。あなたが大きな声を出したら、周りの人たちにとても迷惑だと思わない？　電車の中では静かにするのがマナーなのよ」

いかがでしょう。丁寧に話して聞かせたほうが、叱られる理由を理解しやすいと思いませんか？「うるさい！」と一喝するよりも、お母さんの言うことに耳を傾ける気持ちになるはずです。また、繰り返せばお子さんの耳にも残ります。

このようなお母さんの言葉遣いに子どもは自然と感化され、子ども自身も言葉遣いが丁寧になるばかりか、論理的な思考力や表現力も培われます。一石二鳥とは、まさにこのことではないでしょうか。

抽象語を日常会話に使って国語力を伸ばそう

丁寧な言葉での会話に加えて、お子さんが小学校高学年になったら心がけていただきたいのは抽象語を会話に使うことです。

抽象語とは「事物や出来事からある性質、要素、共通性を引き出した言葉」です。たとえば、「原因」「結果」「構造」「根拠」「矛盾」「本質」「機能」などが抽象語にあたります。

学習内容が高度になるほど、こういった二字の漢字からなる抽象語が増加します。長文読解は抽象語の理解が前提になり、穴埋め問題でも抽象語がキーワードになることが多いのです。

日本語の新聞を読むためには、漢字2文字からなる抽象語を約500語知る必要があると言われていますが、たとえその言葉を読めて書けても、使いこなせなければ意味がありません。それには、お母さんが日常の会話の中で、抽象語を使うのが一番なのです。

たとえば、部屋の模様替えをするにあたって家族で話し合う場面があったとしたら、

「ソファの位置は、お母さんの主観ではリビングの真ん中にあったほうがよいと思うのだけれど、動線を考えると不都合が発生する可能性が高いと思うのよね。客観的に見て、あなたはどう思う？」

といった按配《あんばい》です。

やや堅苦しい印象にはなりますが、使い慣れてくるとそれほど違和感はなくなるはずです。もちろん、子どもに意味を聞かれたら答えられるようにしておく必要がありますし、それ以前に、お母さん自身、抽象語のボキャブラリーを増やさなければなりません。

子どもと一緒に学び直すぐらいの気持ちで、チャレンジしてみてください。

できるお母さんは、自分自身に打ち込むものがある

子どもが気になるお母さんは趣味を持とう

教育相談を受けている私のもとには、日々、悩めるお母さん方が悲痛な表情で駆け込んできます。

「東京屈指の難関中学を受けさせたいが、子どもがちっともやる気になってくれない」

「私立中学を受験して入学できたのに、子どもがクラスになじめていないようで心配だ」

「子どもの希望で地元のサッカーチームに入れたところ、毎日サッカーのことばかり。勉強をしなくなって成績が急降下している」などなど。

皆さん、大変、教育熱心で、頭の中は子ども一色。子育てに全身全霊をかけるのがよき母の姿だと信じて疑う様子はありません。

そんなお母さん方に、私は決まってこうアドバイスをします。

「お子さんにはお子さんの人生があり、お母さんにはお母さんの人生があるのです。であれば、**お子さんのことばかり考えずに、熱中できる趣味を持ちましょう**」

子どもの心配をするのは母親の性で致し方ないとはいえ、それが子どもの負担になっていたり、取り越し苦労だったりするケースが多いからです。趣味を持てば、１００％子どもに向けられている目を、他に向けることができます。その結果、悩みがすんなり解決することがよくあるのです。

お母さんの好奇心と高まりが子どもを賢くする

お母さんが趣味を持つメリットは、悩みが解決するばかりではありません。

先ほど、子どもには脳が活性化して、自分で自分をぐーっと高めているときがあるというお話をしましたが、同じことは大人にも起こります。それが時間を忘れるほど趣味に打ち込んでいるときです。

楽器、フラダンス、ガーデニング、書道、手芸、お菓子づくり、あるいは資格試験、英語や漢字の検定試験など、興味のあることにはどんどん挑戦してみてください。

親の好奇心や、なにかに打ち込んでいるそのエネルギーは子どもに伝播《でんぱ》します。教育雑誌のアンケートには、東大生の親の6割が、家でなにかしらの勉強をしていたという結果が載っていましたが、実際、子どもが親の姿に刺激を受けて「自分もなにかに打ち込もう」「もっと勉強をしよう」という気持ちが芽生える確率は高いのです。

「趣味は子育て」から脱却しよう

私の知人に、娘が小学校に上がって時間に余裕ができたのを機に、長年の夢だったピアノを習い始めた女性がいます。レッスンは週1回ですが、課題曲をマスターするためには家での練習が欠かせません。お母さんが熱心に練習をする姿を見ていた娘が、「自分もピアノを弾いてみたい」と言い出して、母娘でレッスンに通うようになったといいます。

「子どものほうが上達が早くて恥ずかしいです」と彼女は苦笑いをしていましたが、おじいちゃんとおばあちゃんが家に遊びに来たときは、連弾を披露して拍手喝采だったそうです。

医学部受験を目指して猛勉強中という、4歳児のお母さんもいます。彼女の父親は開業医で、ご主人も大学病院で内科医をしています。聞けば、彼女は高校生の頃、医師になりたいという思いを抱いていたそうですが、「医者は生半可な気持ちでできるものではない」と父に反対されてあきらめたのだとか。

しかし、子どもの進路を考えるうちに、かつての夢が再燃。挑戦を決意したのだといいます。人気の医学部は狭き門であることは間違いありません。ただ、たとえ合格できなくても果敢にチャレンジしたこと、そしてその姿を子どもに見せられたことは得がたい経験と言えるでしょう。

世の中には、「趣味は子育て」と平然と言い切る女性もいます。しかし、子育てはたかだか20年間の話。子どもが成人して社会に出れば、そこで子育ては終了です。その後の人生のほうが長くなるかもしれないのです。

将来、〝子育てロス〟に陥らないためにも、今のうちから趣味を見つけること。

自分を高める趣味を持つ人は、生き生きとしてとても元気です。若々しさをいつまでも保つために、そして自分自身の幸福のためにも、打ち込めるなにかをぜひ見つけてください。

一番大切なのは与えまくることではなく「邪魔をしないこと」

押しつけの教育は子どもを興味から遠ざける

「子どもを賢く育てるお母さんの3つの特徴」として、「観察力」「日本語了解能力」「自分自身の好奇心」をご紹介しました。補足として挙げたいのが、「**与えすぎない**」「**邪魔をしない**」という2点です。

これを見事に実践してきた「できる家庭」の代表が、第1章でご紹介した千住家でしょう。千住家では決まった部屋の壁であれば、自由にお絵描きしてよしとしていましたが、友人の中には壁に大きな紙を貼り、たくさんのクレヨンを用意して「さぁ、お絵描きしなさい」と勧めている家庭があったと、文子氏は著書『千住家の教育白書』（新潮文庫）に綴っています。

その家の子どもは、大人の絵をお手本に犬や人の絵を上手に描いたそうですが、やがて絵に興味を示さなくなったそうです。それはクレヨンで絵を描くことが、親の押しつけ以外のなにものでもなかったからです。

「押し付けの教育はかえって子供を興味から遠ざけるだけでなく、せっかく持っている可能性も失わせてしまう」「子供を育てるのは、子供自身の自由を基本として、見守るという謙虚な考えに徹しなくては駄目なんだ」という鎮雄氏の言葉は、子育ての核心をついています。

子どもの好奇心に任せて伸びるように成長させる

私の場合、子どもを賢く育てたいというお母さんにはいつも、樹木の話をします。

同じときに植えた幼木でも、成長の速度はそれぞれ。上に伸びるもの、横に広がるもの、曲がるものなど生え方も異なります。それが気に入らず、木に向かって、「もっと早く成長しろ」「もっとまっすぐ伸びろ」と言っても意味のないことです。その木はその木なりの伸び方をしているだけだからです。

肥料をたっぷりやれば大きくなるかというと、決してそうではありません。やりすぎた結果、根腐れを起こして枯れてしまうこともあるでしょう。

もし、木のためにできることがあるとすれば、環境を見直してやることです。日当りがよくない、水はけが悪い、風が強く当たるといった悪条件を排除すれば、すくすく伸びるかもしれません。できるだけのことをしたら、あとは待つしかないのです。

子どもの成長も全く同じではないでしょうか。放課後に塾の予定を詰め込まない、休日は公開テストではなく家族でフィールドワークをするなど、親の関わり方を含め家庭環境を整えてやれば、あとは自然に成長していくのを見守るだけでいいのです。「勉強をしろ」といくら言っても子どもは賢くはなりません。その子の好奇心に任せて、伸びたい方向に伸ばしてやる。それが賢い子を育てるための、一番手堅い方法なのです。

第4章

子どもに自然と学力がつく環境づくり

子どもの能力が伸びる家庭には特徴がある

子どもの学力と家庭環境はリンクしている

私は家庭教師であるとともに、おそらく日本には他にいないであろう教育環境設定コンサルタントを名乗っています。これを肩書きに加えるようになったのは、家庭教師の依頼を受けてさまざまな家庭を訪問していたことがきっかけでした。

訪ねた家は40年間で延べ８００軒ほどになるでしょうか。それだけの場数を踏むうちに、**子どもの学力と家庭環境に密接なつながりがあることに気づいたのです。**

「この家では子どもは頭がよくならないだろうな」という家庭環境の子どもはその通り

にどこかしら学習面に難があり、「この家なら賢く育ちそうだ」という家庭の子どもは、学習がよく進むのです。

ここでいう家庭環境とは住まいの形や間取り、リビングや子ども部屋に置いてある家具とその配置、本棚の中身、部屋がきれいかなど。これらを見ただけで、その家の教育に対する考え方はおおよそ見当がつきますし、子どもの学習態度もだいたいわかります。

賢い子の家はダイニングテーブルがきれい

ご参考までに、子どもが賢く育つ家の共通点をお教えしましょう。

第2章でも触れたように**リビングにテレビがなく、代わりに本棚があることに加え、ダイニングテーブルが大きく、新聞、雑誌、リモコンなどの物を置きっ放しにしていないことです。**なにもないテーブルは、家族みんなのワーキングスペースとして使えます。子どもが宿題をする隣で、お母さんがパソコンで調べ物をしたり、地図を広げて家族で旅行の計画を立てたり。大型の図鑑もスペースを気にせずに開くことができます。

もちろん、食事もすっきりときれいなテーブルで食べたほうがおいしいに決まっています。家族で囲む食卓は子どもの感受性を育てる場であり、その食事の時間を大切にしていることがテーブルに表れるのです。

家族の意識改革が子どもをよい方向に

親御さんにはときに、「この家庭環境ではお子さんは勉強ができるようにはなりません」とズバリと指摘することもあります。そして、変えるべき点をピックアップして、少しずつ改めてもらう。リフォームのビフォー・アフターのように劇的に変わるわけではありませんが、家族の意識の変化が子どもをよい方向に向かわせることは間違いありません。

もちろん、子育てのお手本としたいほど素晴らしい環境をつくっている家庭もあります。それが、これからご紹介する3軒のお宅です。環境はそれぞれ異なりますが、子どもが自ら賢くなるツボをしっかり押さえています。ぜひ参考になさってください。

ケース1：塾に行かずに、中高一貫公立中2校に同時合格した女の子

子どもの成長を考えたユニークな間取り

最初にご紹介したいのは、奈良県に住むAさんファミリーです。お子さんは3人。出会った当時は、ご長女が小5、その下のご長男が小3、末っ子のご次男が小2でした。

そもそもの相談内容は、自己表現が苦手なご次男のことでした。お父さんが私の本を読んでくださっていて、メールで相談を受けたのですが、何度かメールでやり取りするうちに、泊まりがけで教育環境設定に来てほしいとご希望され、関西での講演があるときに立ち寄ってみたのです。

Aさん宅は子ども3人を育てるために建てたもので、間取りがちょっとユニークです。家の中心にリビングがあり、その周りを囲むように3人の個室が配置されているのです。**リビングにしても食事をするスペースとくつろぐスペースの他に、活動スペースが設けられています。**そのスペースでは家族でトランプやボードゲームができますし、体を動かしたり、大きな紙を広げたりもできます。

勉強や読書はリビングでするもよし、個室で集中するもよし。子どもたちが思い思いに過ごせるように工夫されているのです。

休日はフィールドワークと創作活動

庭の小さな畑ではトマトやきゅうりを初め、アスパラ、ほうれん草と多種の野菜が育てられています。みかんのような果樹も植えられて、四季折々に〝収穫〟が楽しめるようになっているのです。

さらに、家の裏手には水槽がズラリ。メダカやエビなどを飼って、家族みんなで世話をしているのだそうです。

そんな家から推測できるように、Aさんファミリーの生活はとてもアクティブです。家族で各地へ繰り出して、連休のときは出かけた先でテントを張って寝泊まりします。夏なら海水浴か山登り、冬ならスキー。家にいるときも、工作するか絵を描くか。なにかしら創造的な活動をしているのです。

その後Aさん宅には何度かおじゃましましたが、音読や作文などの授業を教えたあとは、毎回近くの畑で焚き火をして子どもたちと一緒に火を囲んでいます。

長女の中学受験も「塾は必要なし」

もともとはご次男のことで相談をしてきたAさんですが、また別の悩みがあることがわかりました。ご長女の中学受験です。中学受験をするべきか、そしてそのために塾に行かせるべきかどうか悩んでいたのです。

そこで私はこう断言しました。

「中学受験をするために進学塾に行かせる必要はありません。**受験勉強は自分でして、必要に応じてお父さんとお母さんが見てあげれば十分です。休日のキャンプ、スポーツ、創作活動、パズル遊び……すべて続けてください。**時代が変わったのです。だから、今の生活を変える必要はありません」

課題として伝えたことが二つあります。

一つは、月2回の焚き火です。炎は脳を活性化して、生きるエネルギーを与えてくれます。ヒーリング効果も高く、勉強の疲れも焚き火が癒してくれると考えたのです。

二つ目は作文です。キャンプの思い出などをテーマとして作文を書かせる。家族みんなで書いて発表会を開くのもいいでしょう、などとアドバイスしたように思います。

志望校については、公立の中高一貫校をお勧めしました。公立中高一貫校は人気が高まっていて倍率はかなり高いのですが、知識応用型の試験問題がご長女に合うと考えたのです。

スキー場で知った志望校の合格

私の言葉を信じて、よい先生がいる作文教室以外は一切塾には通わせず、それまで通り、休日はアウトドア三昧だったそうです。本格的に受験勉強を始めたのは小6の秋になってから。それも中高一貫校の問題を親子で楽しみながら解くだけ。もちろん、すべて自宅学習です。

こうして迎えた受験シーズン、Aさんからメールが届きました。ご長女が志望校に合格したという嬉しい知らせです。しかも、受験した2校とも合格したというのですから、私でもちょっと信じられないことです。

聞けば、受験直前の正月も例年通りに家族でスキーに出かけ、合格の吉報が届いた当日もこれまたスキー場にいたというからお見事です。「すべる」どころではありません。悩んでいたご次男についても、月2回の焚き火の効果で徐々によい方向に向かっているとのこと。子どもたちは3人それぞれの個性を持って、賢く育っていくことでしょう。

ケース2：大人が思わずうなる作文を書いてしまう女の子

表現力抜群の「紅式部」ちゃん

続いてご紹介するのは、東京都内に住む小学3年生の女の子です。彼女のペンネームは〝紅式部〟。「源氏物語」の作者、紫式部に憧れて、自分で考えたそうです。ペンネームからもわかるように、彼女は作文を得意としています。その文章は大人顔負け、いや、大人には書けないピュアな感性が、キラキラと朝露のように光っているのです。

紅式部ちゃんが書いた傑作の一つが、引っ越しをテーマにした作文です。彼女はマンションから一戸建てに引っ越しをしたのですが、前の家では怒ってばかりいたお母さんが新しい家に来たら怒らなくなった、なぜだろうと考えてみて、リビングに吹き抜けができたからではないかと書いています。開放感のある吹き抜けのおかげで気持ちよく暮らせるから、お母さんが怒らなくなったのだと、表現も巧みに綴られているのです。

他にも、弟が川に落っこちた話など、とにかく読んでいて面白いのです。子どもの作文というと「今日は川に行ってバーベキューをしました。川で釣った魚を焼いて食べてみたらおいしかったです」というように、出来事を時系列にそのまま書くことが多いのですが、紅式部ちゃんの文章は出来事の面白いところに焦点を当てて、それを上手に表現しています。その場にいた人たちの表情やしぐさなど情景描写も細かく、読む人を楽しませようという意志が感じられるのです。

表現力開花の理由は、お母さんが学んだ古典音読

そんな紅式部ちゃんは、両親に弟2人の5人家族。弟は5歳と1歳ですが、5歳の弟

もまた作文が大好きです。一般的に5歳といえば、文字がようやく書けるぐらいの年齢ですが、原稿用紙1、2枚ぐらいは平気で書いてしまうのです。しかも、それが面白い。紫式部ちゃんとは異なる、ゆったりしたリズムがあって、書く内容も飄々《ひょうひょう》としています。

このまま育てば、将来は姉弟作家が誕生するのではないか？　とさえ、思ってしまうほどなのです。

いったい、どうしたらこのような子どもたちが育つのか。**一番大きな要因はお母さんが好奇心旺盛で、なにかを学ぼうという姿勢が強いことだと思います。**

そもそもの出会いも、お母さんが私の音読会に参加したことにありました。私が編み出した古典音読メソッドは、第6章でご紹介する通り、古典の名作を一音一音区切って読んでいくというものです。紫式部ちゃんのお母さんはそのメソッドに興味を持ち、自分自身がまず学ぼうと教室に参加をしたのです。

この「まず自分が学ぶ」が大きなポイントです。

世のお母さんは、よい教育メソッドがあると聞くと、自分はさておき子どもに習いに行かせます。「○○ちゃんのママがいいって言っていたから」と、内容もよく調べずに、子どもを教室に送り込む場合も少なくありません。

紅式部ちゃんのお母さんにも「いつか子どもたちに学ばせたい」との思いがあったそうですが、その前に自分が学ぼうという姿勢が他のお母さんとは違っていたのです。

私の音読会は子どもの参加が多く、当然、子連れでの参加も大歓迎です。そこでお母さんは3人の子どもたちを連れて、月1回の講義を受けに来ていました。子どもたちはお母さんの横でお絵描きなどをしながら待っていましたが、その間に古典の音読がすっかり頭に入ってしまったというわけです。

古典の音が入ると作文がすらすら書けて、難しい文章も読みこなせるようになります。作文に目覚めたのは、母親のつき合いで音読教室に通ったことが契機になっていることは間違いないでしょう。

紅式部ちゃんは読書も大好きで、読み始めると止まりません。家のお手伝いを頼んでも「今、本を読んでいるから待って」ということもしばしばとか。住まいを訪ねたことはありませんが、お母さんも読書家ですからリビングに本棚があり、多種多様の本が並んでいることは想像に難くありません。

どの家庭でも実践できる作文メソッド

「子どもが作文をすらすら書くなんて信じられない」という方のために、ここで私の作文法をご紹介しておきましょう。今でこそ、放っておいても名文が書ける紅式部ちゃんですが、最初はこの方法を実践していたそうです。

用意するのは白い紙とエンピツ。紙は大きめのものがよいでしょう。

作文のテーマは子ども自身に決めさせます。おじいちゃんちに遊びに行ったこと、山登りをしたこと。書きたいことを思いついたら、まずそれをお母さんが紙の真ん中に書いて線で丸く囲んでください。

次は書く要素の抽出です。おじいちゃんちに遊びに行ったことがテーマなら、「いつ行ったんだっけ？」「誰と一緒だった？」「どんな乗り物で行ったっけ？」と一つ一つ細かく聞いて、それをすべてメモします。ここで大事なのは、子どもが印象に残っていることを丁寧に聴くこと。余計なことでも全部言わせます。

「玄関に入ったら、おじいちゃんがスイカを持って待ってたよね」

「そうだったね。そのとき、おじいちゃん、どんな服を着ていたっけ？」

「パンツ一枚だった！」

と会話しながら聞き出していきましょう。

素材が出揃ったら、あとは一緒に構成を考えるだけです。小学校では起承転結を考えて書きましょうと教えているようですが、子どもを型にはめるのはナンセンスです。それでは書くほうも読むほうも面白くありません。

私はいつも「作文は料理と同じ」と教えています。料理では、揃えた食材をどうすればおいしくできるかを考えますよね？　作文も、いかに面白く書くか。そこに的を絞れば、楽しく書けるものなのです。

たくさんの人に読んでもらうのも上達の秘訣

加えて、大切なのは読み手の存在です。この音読会に参加しているのは約10家族ですが、子どもたちが一様に作文を書き始めたことから、音読会の中で、作文を発表する時間を設けるようになりました。毎回、自分の作文を発表したい子どもたちが列をなしてうずうずしています。

さらに、インターネットを使って、非公開の作文サイトも立ち上げています。子どもが書いた作文を親がパソコンで打ち直して投稿するのです。

作品に対する感想や意見も書き込めるようになっているので、反響があるのが嬉しくてたまらないようです。

「そんな場はないわ」という方でも大丈夫。孫がかわいいおじいちゃんやおばあちゃんに送ればいいのです。きっと大喜びで読んで、小さな文豪を褒めちぎってくれるはずです。

ケース3：家の中で〝さん付け〟で呼ばれる男の子

子どもを〝さん付け〟で呼ぶと言葉遣いも変わる

「住まいを見れば子どもの頭のよし悪しがわかる」とこの章の冒頭で申し上げましたが、お母さんと話をしただけで「子どもが賢いのも当然だ」と感じるケースがたまにあります。典型として、すぐに思い浮かぶのがBくんのお母さんです。

ノックして教室に入ってくるときから所作が美しく、言葉遣いがなめらかで美しいのです。当然、私に対してはきちんとした敬語で話をします。

なによりも感心したのは、子どもを「ワタルさん」と〝さん付け〟で呼んでいることです。愛称で呼んだり、呼び捨てにしたりするのが悪いわけではありませんし、子どもに対して、さん付けをするなんておかしいと考える人もいるでしょう。

ただ、Bくんのお母さんの場合、さん付けに違和感を感じさせないほど、子どもに対しても丁寧な言葉で話しかけているのです。「板につく」とはこういうことをいうのでしょう。

第一、さん付けで呼ぶと、それに続いて出てくる言葉も自然と丁寧になるから面白いものです。ぜひ試してみてください。

反抗期でも切り返しは丁寧に

Bくんのお母さんは物事の伝え方も巧みでした。私のところに来たとき、Bくんは中学3年生。反抗期の真っ盛りであり、高校受験を控えてストレスを抱えていたのでしょう、母親に対する言葉はとてもぶっきらぼうでしたが、お母さんは平然と切り返していました。

たとえば、願書の提出に必要な書類について話しているときも、

「そんなこと知らないよ」

という息子に対して、決して声を荒げず、

「高校に行くか行かないかは、ワタルさんが決めることだからとやかく言うつもりはありません。ただ、願書を出さない限り、入学試験は受けられないということは間違いないことですから。そのことだけは頭に入れておいてくださいね」

と冷静に話していたのが印象に残っています。

このお母さんはマネジメント能力にも長けていて、口うるさく言わずに子どもに行動させるのがうまい。10歳の誕生日プレゼントは、1／2成人式ということで手帳と時計をプレゼントされたと本人から聞いたことがあります。

敬語を使える親、使えない親

Bくんのお母さんとは真逆で、お母さんの言葉遣いに眉をひそめることもあります。

助詞・助動詞の欠如ならまだしも、初対面である私に対して、いきなりタメ口をきいてくるお母さんが本当にいるのです。

「家でも勉強を教えてくださいね」と伝えると、「えっ？　まじ？　それはないわぁ」と返されたときには、開いた口がふさがりませんでした。

最近は幼稚園や学校の先生にも、友達のような口をきくお母さんが増えているようです。先生を愛称で呼ぶお母さんもいるとか。敬語を使えない子どもが多いのも道理です。

敬語が使えても、勉強ができるようになるわけではありません。ただし、使えないと損をする場面は多々あります。たとえば、習い事であれば、言葉遣いがきちんとした子には先生も丁寧に教えてあげようという気持ちなるでしょう。面接試験でもちょっとした言葉遣いからお里が知れて、印象はよくも悪くもなるものです。

実際、Ｂくんの場合、友達とはラフに会話をしていても、私に対しては言葉遣いを変えることができて感心した覚えがあります。

お母さんの言葉遣いは、子どもにも伝染する。このことを意識して、言葉を選んでみませんか？

第5章

可能性を伸ばすために、絶対やってはいけないこと

無理やり習い事をやらせない

親が決めた習い事が苦行に……!?

今や小学生の7割以上がなにかしら習い事をしているそうです。男の子はサッカーなどのスポーツ系、女の子はピアノなどの楽器を習わせる家庭が多いようです。

習い事を始めるきっかけには、子どもから「やりたい」と言ってくる場合の他に、親が決める場合もあるでしょう。「自分が昔やっていたから」とバレエを習わせる、「周りの子がみんなやっているから」とピアノやスイミングを始めさせる。子どもが楽しく通っているのであればそれでいいでしょう。

ただし、楽しくもないのに我慢して通っているとしたら、これは考えなければなりません。毎週、どんよりした気持ちでレッスンに向かい、指導者に叱られ、次回まで覚えるようにとたっぷり課題が与えられて帰る。子どもにとってはもはや苦行です。すぐにやめさせてあげてください。

興味のあることにしか自己向上は生まれない

「でも、安易にやめさせたら忍耐力がつかないのでは？」

とおっしゃる方に伺います。その習い事はなんのためにさせているのでしょう。

感受性の項でも書いた通り、自分を高めようという気持ちは、興味があることに対して生まれます。嫌々続けていることに自己犠牲はあっても、自己向上は望めません。子どもには辛い思い出が残るだけで、時間もお金もドブに捨てるようなものです。

自分から習いたいと言ってきたものでも同様です。「あなたがやりたいというから始めたことでしょ？」とつい言ってしまいますが、やってみて初めてわかることだってあるのです。

もし、これからなにか習い事をさせたいと考えているなら、子どもをよく観察してほしいと思います。バレエよりヒップホップダンスのステージにノリノリになるとか、コンサートに連れて行ったらピアノよりもフルートに興味を持っていたなど、その子に向いているものが見えてくるはずです。

本気で打ち込める習い事を見つける

そして、**習い始めてみて、もし合わなかったら固執せずに、別の習い事を探してみる。**いろいろとやってみた中に、本気で打ち込める習い事が一つでも見つかればいい。そのぐらいの気持ちでいてほしいと思います（ピアノを買ってしまったなどの経済的な事情はさておき）。

習い事についてお話しするとき、頭に浮かぶのが世界的なプリマドンナ、草刈民代さんのエピソードです。現役時代には、バレエのために食べたいものを我慢するなどストイックな生活を送ってきた草刈さんですが、子どもの頃はなにを習っても長続きせず、親に呆れられるほど飽きっぽかったとか。その中で唯一、長続きしたのがバレエ。バレエだけはどんなに練習が厳しくても、苦にならなかったというのです。

使い古された言葉ではありますが、まさしく「好きこそものの上手なれ」なのです。

子どもを楽しませるようにつくられたものでは、感受性は育たない

大人がコンピューターゲームにハマる時代

「公園で遊んでくる」と出ていった子どもが、公園には確かにいてもベンチで友達とポータブルゲームをしていた……というのは、もはや珍しい話ではありません。

自然を満喫しようと出かけた先でもゲーム三昧、レストランでも、電車の中でも、ところ構わずゲームに興じている子どもを見ると、心配になるのと同時に、「世の中にはもっと面白いことがあるのに」とかわいそうな気持ちになります。

もっとも、今は大人がコンピューターゲームにハマる時代です。「ポケモンＧＯ」の

狂乱ぶりを見ても、スマホを手に道を歩いているのは若者ばかりではありません。いい年齢をしたオジサンやオバサンがレアなポケモンを探して街を徘徊しているのは、ちょっと不気味ですらあります。

私のところにもゲームに関する相談はよく舞い込みます。子どもがゲームばかりしている、というのはごく普通。先日は、夫が金曜日の夜から日曜日までゲームをやり通しで、子どもにも悪影響がある、どうしたらいいのでしょうという相談がありました。

親がゲームに興じていたら、子どもを止めることはできません。「そんな人とわかっていたら結婚しなかった」と嘆いていましたが、あとの祭りです。

ゲームを続けると思考停止状態に

なぜゲームがよくないのか。まずはこの点からお話ししましょう。

目の前に一枚の四角い白い紙があるとしましょう。ただ紙があるだけでは、なにも楽しくはありません。でも、その紙で折り紙をすれば、鶴や花などさまざまなオブジェがつくり出せます。ハサミで切れば人の顔も東京タワーもつくれます。エンピツで絵を描く、詩を綴る、鍵盤を描いてピアノの練習をする……。ただの紙をいかに楽しく使うかというところで、思考力、発想力、試行錯誤力などがフル動員されて、脳が目一杯活性化されます。つまり、頭がよくなるのです。

では、ゲームはどうでしょう。ゲームとはもともと人を楽しませるようにつくられたものです。特に男子にとっては、動いているものを捕まえる、敵と戦うなど、ハマる要素が巧妙に盛り込まれています。

人を楽しませるというのは、一見、よいことのようです。しかし、よく考えてください。**楽しませるものというのは、なにも考えずとも楽しめてしまうということです。そこには脳の活性化による高まりはありません。**

以前、ゲーム中の脳のサーモグラフィーを見せてもらったことがありますが、活動しているのはごくごく一部。その部分も長時間やり続けると活性化が止まり、思考停止状態に陥ることが実証されていました。それでは、どんなにやり続けても賢くなれません。**ゲームは人の思考を奪う道具なのです。**

ボードゲームやカードゲームで賢く楽しむ

このように人を楽しませるようにつくられたものは、世の中に溢れています。テレビ、スマートフォン、アミューズメントパーク……。賛否はあるでしょうが、深夜のサッカー中継も同じだと思います。睡眠時間を削ってまで観るものでしょうか。そこまで観たいなら現地に行って応援すればいいではないか、と言いたくなってしまいます。

それはさておき、賢くなれないものに貴重な時間を割くのはもったいない話です。**ゲームをするなら1日30分までと区切ってください**。ゲーマーのお父さんも当然、1日30分厳守です。

コンピューターゲームができなくて手持ち無沙汰になるなら、家族でボードゲームや、「ウノ」「アルゴ」といったカードゲームをしてはどうでしょう。かるた、囲碁、将棋、チェスなど賢くなれる遊びはたくさんあります。家族のコミュニケーションにもつながり、よいことずくめだと思います。

親が面白がらないと、子どもも楽しめない

大人が楽しめば子どもはついてくる

すでにお気づきかもしれませんが、私は大の焚き火好きです。教え子を連れて焚き火をする日は昼からウキウキ。ソーセージはあの店で買おう、肉はあっちの店でと考えているだけで、楽しくなってきます。

焚き火の楽しみは火を起こすところから始まります。薪木の組み方で燃え方が変わるので、「それじゃあ燃えないぜ」と私が組み直すとたちまち燃える。「へー、すごーい」と子どもたちから尊敬の視線を浴びるわけです。焚き火なんて……と斜に構えていた子

でも、私につられて率先して焚き火の準備をしているから面白いものです。

読書の習慣もまずは親から

子どもに興味を持たせたいことがあるなら、まずは大人が楽しむこと。これは家族においても言えることです。公園に行っても子どもだけ遊ばせて、ベンチでスマホを見ている親、「なにかつくってみれば?」と工作キットを渡すだけの親。これはやはり感心できません。

読書の習慣についても同様です。「うちの子は本を読まなくて」とこぼすお母さんに限って、本を全く読んでいません。小説はもとより、雑誌すら読まず、情報はもっぱらネットで収集という人が多いのです。

子どもの価値観は親からの刷り込みであるということは、脳科学では常識とされています。親が楽しくしていることは、子どもも楽しいものだと認識します。ちょっとの時間でも本を開くような親であれば、必ず子どもも本を読むようになるものです。

読書歴や興味に合った本を選ぶ

読書の習慣をつけるために、まず大切なのは本の選び方です。ポイントになるのは、子どもの読書レベルや興味に合った本を選んでやること。**親が読ませたい本ではなく、子どもが読みたくなる本を選んであげてほしいと思います。**

読み聞かせをするのもよいでしょう。読み聞かせというと幼児にするものと思いがちですが、小中学生にも有効です。文章を音で聞くと頭に入りやすく、読書への興味を促すことができます。お母さんが読み聞かせるのが大変なら、名作の朗読ＣＤを買うのも一つの方法です。もちろん、このときも子どもと一緒に聞くこと。まずは親が楽しむことが先決なのです。

読書のきっかけづくりとして、親子で図書館に行くのもよいことです。このときに活用したいのは司書さんの知見です。司書さんは本のエキスパート。相談すれば、その子の読書歴や興味に合うような一冊をすすめてくれるはずです。

家事を一人で背負い込まない

子どもと家事をシェアしよう

この本を読まれている方の多くは、子どもの世話をしながら、掃除、洗濯、食事の支度と忙しい毎日を送っていることと思います。幼稚園ではお弁当づくりもあるでしょうし、小学校になれば保護者会だ、ＰＴＡ活動だとやることは山積みです。1日が36時間くらいあれば……と感じている方も多いでしょう。

最近は夫婦で家事をシェアする家庭も増えているようですが、それなら家族で家事を分担してはいかがでしょうか。子どもにお手伝いをさせるのです。

「それなら、もうとっくにさせているわ」

というご家庭は少なくないかもしれません。確かに、お手伝いが子どもにもたらす効果は、すでに方々で語られていることです。そのメリットとは、人の役に立つことで自信がつく、忍耐力が備わる、思いやりの心が育まれる、感謝の気持ちが生まれる、自立心が芽生えるなど。

ただし、私が考えるお手伝いの効果は他にもあります。それは頭がよくなること。**お手伝いをさせると子どもが賢く育つのです。**

お手伝いは自分で工夫させる

たとえば、洗濯物を干す場合、いくつもの工夫が必要ですよね。早く乾かす干し方、生地を傷めない干し方、型崩れさせない干し方、周りから見えたときに恥ずかしくない干し方など、いろいろなポイントがあります。お母さんは百も承知だとは思いますが、**やり方を教えてはいけません。自分で調べて工夫させるのです。**たたむときも同じで

しわがつかないように
するには
どうすれば
いいかな？

す。目標は、きれいに、かつ短時間で終わらせること。

ただそれだけのことでも、風の向きを考えたり、繊維の性質を知ったりと多くの学びがあり、試行錯誤する力も身につきます。

玄関をほうきで掃《は》く場合でも、集めたゴミが飛び散らないようちりとりは事前に準備しようとか、掃除機をかけるときには床になにもないほうが短時間で終わるとか、なにかしらの気づきがあるものです。

家事は子どもを賢くする魔法の杖

料理まですることなれば、創意工夫のオンパレードです。野菜の切り方で火の通り方や食感がどう変わるのか、肉の繊維に沿って切るのと繊維を断ち切るように切るのではなにが変わるか、どのように盛りつければおいしそうに見えるのかなど、思考力、判断力、表現力という3つの要素がぎゅぎゅっと詰まっているのです。

たかがお手伝い、されどお手伝いです。何事も極めようとする探究心が賢さにつながっていくものなのです。

子どもに手伝わせると、時間も手間も倍かかるというご意見はあるでしょう。「頼むよりも自分がやったほうが早いわ」とちゃきちゃき家事を済ませたくなる気持ちはよくわかるのですが、お手伝いをさせるのはお母さんのためだけでなく子どものためでもあります。家事は子どもを賢くする魔法の杖でもあるのです。

それにこれからの結婚では、家事の能力が高い男性が重宝されるのは当然のことです。逆に家事ができない男は、よっぽど特殊な能力でもなければ結婚相手に選ばれません。今のうちから、女の子に限らず男の子にも家事を手伝わせることは、決して無駄なことではないと思います。

働いていても、子どもとの時間は蔑ろにしない

二人に一人が働くお母さん

めまぐるしく変わる現代社会にあって、最も大きな変化と言えるのは働く女性の増加でしょう。総務省統計局の就業構造基本調査（平成24年）によると、25歳から39歳の女性の有業者率は69・8％と過去最高を記録しました。

育児をしながら仕事をする女性の割合も多く、全国平均で52・4％。二人に一人は働いていることになります。特に30歳から34歳のワーキングマザーは68・2％にのぼり、平成19年の63・5％から5％近く増加しています。

仕事を持ちながら育児と家事をこなすのは、非常に大変なことです。「毎日が戦いです」と言う女性もいますが、決して大げさな表現ではないのでしょう。

そのような多忙極まりない生活でも大事にしていただきたいのは、子どもと過ごす時間です。これだけは蔑ろにしないでほしいと思います。

忙しいと子育てがおざなりになりやすい

こう申し上げると、「当然、子どものことは第一に考えています！」と反論するお母さんがほとんどでしょうが、忙しいとついおざなりになりがちなのが子育てというもの。

たとえば、小学生になると国語で音読の宿題が出されます。先生に言われたページを声に出して読んで、できたら親がサインをする。2回ないし3回がノルマですから、結構、時間がかかります。「この時間に明日の朝の準備ができるのに」とイライラしながら聞いたり、「トイレットペーパーが切れていたわね。買ってこないと」と別のことを考えたり。あるいは、「ちゃんと聞いているから」と洗い物をしながら耳を傾けるという日もあるでしょう。

子どもが学校での出来事を話し始めたときも、真剣に聞くのは興味のある話だけ。「学校の帰り道にカエルがいて、○○くんが踏んじゃった」というような、お母さんにとってはくだらない話に対しては「へー、そうなんだ」と薄いリアクションで聞き流してしまいがちなのではないでしょうか。

子どもと向き合う時間をつくろう

子どもとの関わり方で、私が感心した例を挙げましょう。その方は小1の女の子と保育園に通う3歳の男の子のお母さん。毎日午後5時に子どものお迎えに行くものの、仕事が終わらずに家に持ち帰ってパソコンを開くようなハードな毎日を送っています。

仕事を始めると、子どもたちがお母さんにまとわりついて一向にはかどりません。布団に入らせてもなかなか寝てくれず、終始イライラし通しだったといいます。

このままでは自分にも子どもにとってもよくないと考えたその人は、夕食を済ませてからの1時間、子どもに向き合うことにしたのです。どんなに仕事が残っていてもパソコンは開かず、家事も頭からすっぱりと切り離して、子どもたちと遊んだり、上の子の勉強を見てやったり。

子どものことだけしか考えないその1時間をつくったことで、その後の時間に仕事をしても無闇にまとわりつかなくなり、布団に入るとすんなり寝るようになったというのです。

子どもにとって重要なのは、時間の長さではなく密度です。1時間が難しいなら30分でも15分でもいいのです。お母さんが自分だけを見てくれる時間があれば、他の時間は安心して一人でも過ごすことができるのです。

仕事が忙しくて家事と子育てに手が回らないときがあれば、引き算してよいのは家事です。掃除は週末に回して、食事はお惣菜を買ってくるもよし、ピザを取るもよし。でき合いのものでもお皿に移し、お母さんも一緒にニコニコ食べれば愛情は十分伝わるはずです。

子どもに「学ばせよう」と思ってはいけない

勉強で伸び悩む原因は親にある

「小学校高学年になって算数でつまずいた」「中学生になったら成績が落ちてきた」など、子どもの勉強に関して悩みや心配事は尽きません。

その相談にのるのが私の仕事の一つですが、悩みや心配事を聞きながら、「この子が伸びないのも当然だな」と思うことがあります。

私が子どもに向かって「勉強は楽しい?」と聞くと、子どもが口を開く前に、「ほら、先生が『勉強は楽しいか』って聞いているんだからちゃんと答えなさい」とせっついたり、言葉には出さないまでも子どもの背中をポンポンと叩いて答えるよう促したり。中には、子どもに聞いた質問に、「勉強自体は楽しいみたいなんですが、塾の宿題が多すぎて」と答えてしまうお母さんもいます。

簡単な問題を解かせようと、「筆記用具を出して」と指示すると、子どものカバンの中から筆記用具をすかさず取り出すお母さんもいました。ご丁寧に筆箱からエンピツと消しゴムまで揃えて、「これを使いなさい」と指示しているのです。

やりたくないことだと脳の機能が低下する

このようなお母さんは、勉強についても同じ調子でガミガミと口を挟んでいるはずです。成績が伸びない原因はまさにそこです。やりたい勉強でなく、やらされている勉強だからちっとも頭に入らないのです。

ある精神科医の先生に聞いた話では、人間の脳は自分が好きなこと、やりたいことを前にすると活性化して、逆に嫌いなこと、やりたくないことを前にすると眠くなるようプログラミングされているのだそうです。「難しい本を読み始めると眠くなる」という人がいるのは、その本を読みたくないと脳が拒否をしているからなのです。

眠くなるというのは、脳の機能が低下しているということです。つまり、その状態でどんなに勉強しても頭に入らないのは当然と言えるのです。

勉強は子どもの自主性に任せるべし

特に学習内容は学年が上がるほど、難解になっていきます。最初のうちは嫌々でもやればできていた勉強が、学習難度が上がるに連れて、解けない問題が増えていきます。親に強制されて机に向かっていた子どもは、小学校高学年ぐらいから壁にぶつかるようになり、前に進めなくなってしまうのです。

解決するためには、親が強制しないこと。これが鉄則です。**勉強については、やるもやらないも本人の自由としましょう。**全くやらなくなって、ますます成績が落ちることもあるかもしれませんが、勉強ができていた経験を持つ子であれば、ある程度のところで「これはそろそろまずいかも」と気づくものです。

得意科目だけは勉強するということも考えられますが、それもアリです。まずはとことん得意科目を伸ばして自信をつければ、苦手科目にチャレンジしようという気持ちにつながっていくはずです。

このときに、将来の夢を聞くのもよいことです。ロボットをつくりたい、獣医になりたいなど、その子なりの夢があるはずです。その夢を叶えるには今、なにを学ぶべきかを考えさせる。勉強の原動力になるかもしれません。

第6章

4年後必要とされる力がつく本当の「学習」

日本語力がつく古典音読

日本語を学ぶための最強メソッド

改めて言うまでもありませんが、日本の学校ではほぼすべての教科を日本語で学びます。教科書は日本語で書かれていますし、ドリルなどの問題も日本語で問われます。

つまり、日本語をよく理解できるかどうかは、勉強の基礎中の基礎と言えるのです。

それどころか、**「勉強ができる」とは、日本語における了解能力が高いことにほかならないのです。**

その日本語力を高めるには読書をすることが一番なのですが、悲しいかな、子どもたちの本離れは年々顕著になっています。

本を読まないから日本語力がつかず、日本語力がないから本を読まない。まさに堂々巡りといえる状況下にあって、日本語を学ぶために私が編み出した最強メソッドが**古典音読法**です。

その名の通り、古典作品を声に出して読むのがこの方法です。ただし、流暢《りゅうちょう》に読んではいけません。一音一音区切って発声をするのが最大のポイントです。

皆さんご存じの吉田兼好の随筆「徒然草《つれづれぐさ》」であれば、次のようになります。ぜひ、声に出して読んでみてください。

つ・れ・づ・れ・な・る・ま・ま・に・ひ・ぐ・ら・し・す・ず・り・に・む・か・い・て・こ・こ・ろ・に・う・つ・り・ゆ・く・よ・し・な・し・こ・と・を・そ・こ・は・か・と・な・く・か・き・つ・く・れ・ば・あ・や・し・う・こ・そ・も・の・ぐ・る・お・し・け・れ

古典の名作を時系列にたどるのがコツ

一音一音区切って読むことによって、日本語のリズムが明確になります。また、声に出すことにより耳だけでなく体全体でリズムを体感でき、より理解が深まるのです。

一音一音の朗読法は日本では古くから和歌の朗詠に用いられていました。これを証明するのが、宮中の歌会始《うたかいはじめ》です。天皇皇后両陛下をはじめ、皇族の方々の御歌が、一音一音ゆっくりと詠まれているのをテレビなどで耳にしたことのある方は多いでしょう。

私が開く音読会では、古典の名作を古いものから順に、一音一音法で読んでいきます。「古事記」「古今集」「竹取物語」に始まり、「源氏物語」「枕草子」と続き、その後、「徒然草」「奥の細道」などを経て、最終的に夏目漱石や芥川龍之介など近代文学に移行していきます。

なぜ、古いものから読んでいくのかというと、たとえば、「徒然草」の音読をしても、それ以前に書かれた「源氏物語」などの平安古典をラクに読むことはできません。ところが「古今集」、それも冒頭仮名序部分をよく音読しておくと、平安古典がすんなり読めるのです。

この理由は、どの時代の作品も、その前の時代の作品を模範にして書かれているため。であれば、川上から川下へと日本語の成り立ちを順にたどっていくのが最も効率的な方法となります。古い作品から順に読むことで、古典から現代文まであらゆる作品がすらすらと読めるようになるのです。

古典音読のシャワーを浴びれば日本語力が伸びる

この一音一音法を子ども自身にさせるのもよいことですし、まだ小さい子であれば、お母さんが読んだ音を聞かせるだけでも効果があります。その体験者が第4章でご紹介した紅式部ちゃんです。彼女が読書に熱中するのも、作文を得意とするのも、お母さんの横で古典音読のシャワーを浴びていたからなのです。

「うちの子は漫画すら読まない」と嘆いているのなら、試してみる価値は大いにアリです。

問題解決能力や判断力が育つキャンプ

予想外のアクシデントが子どもを賢くする

フィールドワークが子どもを賢くすることとは、これまで書いてきた通りです。そのフィールドワークの中でもイチ押しは、なんといっても**キャンプ**です。自然の中で寝泊まりする時間がさまざまなことを子どもに教えてくれます。

中でも、キャンプの魅力と言えるのは、必ずや予想外のアクシデントが起こることです。突然の強風や雨のときにどう対処するか、着火剤が水に濡れて使い物にならなくなったときどうやって火を起こすか。この**予想外のアクシデントこそ、問題解決能力や**

判断力をグングン伸ばしてくれるのです。

アウトドア用品の総合メーカー「スノーピーク」の社長、山井太《とおる》氏も、同じことを語っています。山井氏は年間40〜60泊をテントで過ごすというツワモノですが、暴風や大雨など予測不可能な出来事を解決できたときの喜びは大きく、その経験が会社経営に活かされているというのです。

最近のキャンプ場は至れり尽くせりで、ガスコンロを常設していたり、電源があったり、手ぶらでOKを売りにしているところもあります。便利なことは間違いありませんが、あえてそういうところは避け、本当の自然を体験させるのが賢明ではないでしょうか。

キャンプ中でも過干渉は禁物

木登り、探検ごっこ、川での水遊び、渓流釣りなど、キャンプにはさまざまな楽しみがありますが、**子どもにより多くのことを学ばせるには、親ができるだけ干渉をしない**

ことも大切です。「あの木は○○という木で……」「あの鳥は○○といって……」と教えたがる親御さんがいますが、それは知識を詰め込んでいるのとなんら変わりません。危険がない限り、子どもはできるだけ放っておいて、自分で面白いことを発見させるのです。

「あれはなんていう木？」と聞かれたら名前ぐらいは教えても構いませんが、うんちくを語るのは禁物です。「家に帰ったら一緒に調べよう」と子どもが主体的に学ぶようにしてほしいと思います。

釣りをする場合でも、ルアーのつけ方など最低限のことを教えるだけで十分です。魚がいる場所を見極め、釣り方を工夫して、それでも釣れなかったら原因を調べる。自分で探求した結果、たくさん釣れたら大きな自信にもなるでしょう。

キャンプの準備を子どもに任せる

テントの設営など、準備の中でできることを任せてみるのもよいことです。私が教え子とするキャンプでは焚き火はマストですが、その準備は必ず子どもたちと一緒にします。火は危ないからとキャンプに行っても焚き火をしない家庭もあるようですが、むしろ逆。火の熱さを知らないがゆえに、大やけどをするということもあるのです。

焚き火に使えそうな枝を拾うところから、薪の組み立て、うちわで扇いで火を起こす作業など、子どもたちは大喜びで手伝ってくれます。薪を重ねてしまうとなぜ火がつきにくいのか、うちわで扇ぐとなぜ火が大きくなるのかといった、理科に役立つ知識も満載なのです。

焚き火フリークの観点でつけ加えるなら、薪はケチらないこと。炎が大きければ神秘的なエネルギーを全身で感じることができますし、なにより盛り上がりが違います。焚き火には心身を癒す効果があるので、仕事で疲れている親御さんにとっても最高のリフレッシュになるはずです。

表現力だけでなく自律心も身につく芸術活動

賢い子どもは芸術活動をしている

「この子は賢く育っているな」と感じる子どもは、**十中八九、なにかしら芸術活動をしています。**ピアノ、ヴァイオリン、チェロといった楽器を習っていたり、油絵や水彩画などを描くのが趣味だったり。芸術には子どもを賢くするための要素が詰まっているのです。

なぜ、芸術が頭をよくするのでしょうか。

理由の一つは、**感受性が豊かになる**こと。第2章でも書いたように、感受性は好奇心のもととなり、主体的に学ぶ力や表現力のもととなります。周りのことに関心を持ち、自分の興味を探求できるところから、おのずと頭がよくなるのでしょう。

練習で培った自律心が勉強にも好影響をもたらす

二つ目は**自律心が身につく**ことです。技術を高めるには練習が欠かせません。「今日はやりたくない」と思ってもひと踏ん張りして練習する、その積み重ねによって自分で自分を律する力がつき、それが勉強にも役立つのです。

特に音楽系の教室は、礼儀についても厳しく指導するところが多いように思います。レッスン前とレッスン後の挨拶、先生の指導を聞くときの態度などを通じても自律心は育まれるのでしょう。

さらに言えば、音楽の場合、楽譜を読むことで数学的素養が身につくようにも思います。譜面に並んだ四分音符や八分音符などの記号を、即座に頭で読み解きながら演奏する。それは知的パズルに匹敵するぐらい、脳の活性化に効果があるはずです。

脳との関係でいえば、楽器を演奏するための指の動きが、脳の神経細胞のつながりを密にするという説もあります。神経細胞が細かくつながれば、それだけさまざまな能力が高まるというわけです。

実際、「東京大学新聞社」が現役東大生・東大院生360人に行ったアンケート調査では、半数以上がピアノなど楽器・音楽関連の習い事をしていたという結果が出ています。名門私立中学校に通う親御さんに聞いても楽器を習っている生徒は多く、そういう子どものお母さんも大抵、楽器を演奏できるのだとか。

芸術は何歳になっても続けられる

もっとも、「子どもを賢くしたい」と楽器や絵画を習わせるのもおかしな話です。芸術とは心を豊かにしてくれるもの。喜びや癒しがあるからこそ、楽器を弾き、絵を描くわけです。

私の知人には、子育てをしながら、地元のオーケストラの一員としてフォルンを吹いている女性がいます。日常とは全く異なる時間を持つことは気分転換になり、なによりも、自分の演奏を楽しみに聴いてくれる人がいるのが嬉しいと彼女は話しています。

芸術活動は何歳になっても、それこそ、老後でも続けられる素晴らしい趣味です。そうした本来の魅力を理解したうえで習わせれば、子どもへのよい贈り物になるかもしれません。

英語の正しい勉強法

小中学校の改革は英語力の強化が主題

すでにご承知の方は多いと思いますが、教育改革で特に注力されているのは、英語教育の強化です。大学入試では「読む」「書く」に「聞く」「話す」を加えた4技能が試されるようになります。

小学校では従来5、6年生で行われていた「外国語活動」が3、4年生に早められ、5、6年生では英語が正式教科になります。外国語活動は簡単な会話や、クイズ・歌などで英語に親しむのが目的ですが、正式教科になると読み書きと文法が加わり、テストなどによる成績の評価も行われます。試行は始まっており、2020年度にはすべての公立小学校で実施となる方向です。

これからの社会で英語力が欠かせないことは、誰でも実感していることでしょう。中学では英語の授業がオール英語になります。先生の指示は日本語でなく英語で出されて、ディスカッションの時間も会話はすべて英語。英語でのコミュニケーションに力を注ぐ方針です。しかし、そのための人材はいったいどこから連れてくるのでしょうか。

英語の絵本の読み聞かせで英語力を育てる

そう考えると英語の学習についても、やはり家庭での取り組みが基盤となります。英語耳は幼児期に育つと言われますから、早い段階で正しい発音を耳にしておくことは大切です。

といっても、必ずしも英語教室に通わせる必要はありません。**幼児期であれば、英語の絵本をたくさん読み聞かせれば十分です。**お母さんが読んでやるのが一番ですが、発音に自信がないなら読み聞かせのCDを活用しても構いません。お母さんが習ってくるのも一案でしょう。小学生になったら、英語学習のアプリを使って学ばせる手もあります。

私立の中高一貫校は、入学と同時に電子辞書を買うよう指示がありますが、小学生から与えても早いことはありません。単語の意味を調べるだけでなく発音も聞けるので、目と耳で学ぶことができます。

しかも、国語辞典や百科事典も収録されて、カラー画面や動画が観られるものもあります。あらゆる調べものに活用できるという点でも、買って損はないでしょう。

日本語力を並行して伸ばすことも大切

英語を学ぶうえでも、やはり日本語力は重要になります。

たとえば、「privilege」という単語の意味を辞書で調べると「特権」と出てきます。日本語力が乏しいと「特権ってどういう意味だ?」ということになるわけです。特権とは、「ある個人、集団または階級によって享受される特別の権力、免除、または利益」を意味しますが、この意味が正確に把握でき、なおかつ日本語で使いこなすことができなければ、英文でも正しく使うことは難しいでしょう。要するに、日本語における抽象語の理解が必要になるのです。

英文和訳をする場合もしかりです。日本語で作文ができなければ、正確でこなれた和訳文は書けません。入試問題であれば、内容は合っていても文章としてぎこちないために点数が取れない可能性もあるでしょう。

「これからはとにかく英語！」と英語漬けするのは構いませんが、並行して日本語もしっかり学ばせることが大切だと思います。

英語の絵本を読み聞かせるなら、同じだけ日本語の絵本も読み聞かせてください。読書や、先にご紹介した古典音読などで日本語をしっかり習得して、日本人としてアイデンティティを身につけたところに、真のグローバル人材は育つのではないでしょうか。

さて、この他にも、暗算学習、探求型学習などお伝えしたいさまざまなメソッドがありますが、そろそろ紙数が尽きたようです。興味のある方はぜひ、拙著他書などに当たってみてください。

賢くなるとは、自分が賢い状態にあることの認識です。

それは、なにかを練習するうちにそれが楽に、確実にできるようにすることの積み重ねでもあります。

なんでもよいです。また、短い時間でも構いません。たとえば、字を速くきれいに書けるようにするとか、計算を間違わずに速く終わらせるとか、あるいは縄跳びの練習をするとか、毎日必ず上達を目指して取り組むことがあるとします。

すると、始めて2週間ぐらいを過ぎたところで、妙に調子がいい自分がいることに気づきます。頭がよくなっている状態です。このとき、つまり自分が「調子がいい」と思ったときに、満足せずにできるだけそれを長く続けるようにすると、心と体がその状態を覚えて、いつでもその状態になれるようになります。つまり、賢くなります。言うまでもなくこれは「快感」です。

これが賢くなるための一つの極意です。

なにかを上達することを決める。それを毎日欠かさず行う。するとある日、「高まり」が来る。そうしたら、それを自分に覚えさせるために、できるだけ長く、一生懸命これを行うようにする。

これは、アクティブ・ラーニングの上を行くメソッドだと思います。単なる「積極性」ではなく、自覚的、向上的、意志的な取り組み方です。そこにこそ、真の意味の「主体性」という言葉が隠れているのではないでしょうか。

親が子どもと一緒に「高まり」を知ろうとする、それがこれからの学習のコアにあることだと思います。本書が最もお伝えしたかったのは、そのことだったのかもしれません。

おわりに

皆様、本書ご一読まことにお疲れさまでした。

本書に示した通り、また文部科学省の言う通り、これからの世の中は、教育ばかりでなく、多方面に急激に変化する局面にあると予想されます。

この急速な時代の流れの中で、すべての人に共通して必要になることは、そこに各人なりの新しい頭の働きがあること、今よりも賢い頭の使い方があるということを知る体験だと思います。そしてその体験こそが、わが子に与えるべきものなのです。

人間は、新しい時代に備えて進化しつつある動物です。これからは、単に成績を上げるためだけに勉強するのではありません。賢くなるため、頭を活性化させるために学習することになるのです。そしてそのことは、大きな「快感」にもなります。

人間の快感の代表に「気持ちいい」と「楽しい」があると思いますが、「気持ちいい」のコアには「おいしい」があり、「楽しい」のそれには「おもろい」があると思います。おいしくておもろい――これがあれば、人生なにも悩まずに、文句なしに「幸福」でいられるはずです。

その「幸福」のもとにある「おいしい」「おもろい」は、実際の身体的感覚と体験的認識によってもたらされます。つまり、感受性と好奇心——これらが健全に発達しないと、人は「幸福」にはならないのです。

また、この「おいしい」と「おもろい」は、言うまでもなく〝ナマ〟の体験から与えられるべきものです。そうして感受されたものは表現され他者に伝達されようとし、好奇心は自らそれを追体験しようとする主体性を顕現します。

本書で示した以上のようなことが、親子で共有され、賢い子どもと賢い親がどんどん生まれてくることを祈って、本書の結びにしたいと思います。

末尾ながら、皆様の本書ご一読に感謝するとともに、皆様のさらなる子育て発展に心よりエールを送ります。

松永暢史

将来《しょうらい》賢《かしこ》くなる子《こ》は「遊《あそ》び方《かた》」がちがう

2016年11月5日　初版第1刷発行

著者　松永暢史
編集協力　上島寿子
発行者　栗原武夫
発行所　KKベストセラーズ
〒170-8457　東京都豊島区南大塚2-29-7
電話　(03)5976-9121(代表)
http://www.kk-bestsellers.com/

印刷所　近代美術株式会社
製本所　株式会社積信堂
DTP　株式会社アイ・ハブ
ブックデザイン　小口翔平+山之口正和(tobufune)

ISBN 978-4-584-13749-9　C0037